もっと、もっとうまくなりたい

はじまりはアイスクリーム

福留孝介

元中日ドラゴンズ、元シカゴ・カブス、元阪神タイガースほか

はじめに

2022年9月23日朝、僕は名古屋市内の自宅からドラゴンズの本拠地・バンテリンドームナゴヤに車を走らせていた。新型コロナウィルスの感染拡大の影響なのか、近年は道筋の商店や飲食店がさま変わりした気はする。でも、周囲の環境は変わっても、僕が何かを変えることはほとんどなかった。

Prologue

打てなかったからルートを変えることもなく、打てたからといって同じ物を食べたりもしない。同じ道を通り、出された物をしっかりと食べ、プレーボールの6時間以上前には球場に着き、試合へ向けた準備をスタートさせる。思えば野球人生はその繰り返しだった。

あの日、たった1つ違っていたのは〝明日〟はそうする必要がないということだった。引退セレモニーではチームメイトから胴上げされた。1回、2回、3回……。最後の背番号と同じ9回目を終えたとき、頭の中を駆け巡ったのは仲間や先輩、後輩、お世話になった方々、支えてくれた家族への感謝の気持ちと「もうやり切った」「お疲れさん」という自分への労い、そしてほんの少しの寂しさだった。

振り返ればNPBで2023試合、7969打席。MLBでも596試合、2276打席。合わせれば1万を超す打席数を体験してきた。自分で言うのもなんだが、できないプレーや、失敗をするたびに「もっと、もっとうまくなってやる」「いつかはできるようになってやる」の思いで走り続けてきた。もう思い残すことはない。清々しい気持ちで記者会見にも臨んだし、最後の試合では泣くまい、いや泣くことなどないと思っていた。

ところが、最後の打席を終えてベンチを見ると、立浪和義監督が待ってくれていた。その顔を見たとたん、不意に涙がこみ上げ、こぼれ落ちていた。「おまえはなぜ泣いているんだ」「精いっぱいやったじゃないか」。もう1人の福留孝介がこう尋ねても、僕の感情は制御不能に陥っていた。グラウン

Prologue

ドで泣いた記憶はない。少年のころからそうだった。自分でコントロールできることと、できないことを無意識に区別していたと思う。自分の意思で始めた野球を、自分の決断で終えることができた。われながら幸せ者だと思う。それなのに流れ落ちた涙。人生には説明できないこともあるのだと、45歳で知った。

それにしても思う。

プロとしての1万打席を超すキャリアを大河とし、あの引退セレモニーを河口だとするならば、必ずそこには源流がある。福留孝介にとっての最初の1滴は、小さな街の校庭だった。そんな物語をお伝えすることで、どこかの誰かの励みや活力になれば幸いである。

中日新聞
中日スポーツ
完璧な生ビールを。
SAPPORO
東海テレビ
Dragons
Dragons

2022年９月23日、バンテリンドームナゴヤにて引退セレモニー

目次 Contents

Prologue　はじめに……4

第1章　初めての決断
少年編
大崎ソフトボールスポーツ少年団～鹿屋ビッグベアーズ

ちりめんとイカとロケットと……16
鹿児島では風向きに注意……18
〝ソフトボール一択の街〟からプロが5人も？……21
運命の一言。「孝介は左で打ちなさい」……24
ただ、見ていただけ……26
右利きの左打者……29
後悔しないたった1つの方法……32
どしゃ降りの日生球場……34
運命の青い糸？……38

第2章　後悔なき選択
PL学園高編

戦いの日々の始まり……46
「ほっといてくれ」で、そのままにしたら……49
真っ黒を真っ白にする……50
鳴ってはいけない目覚まし時計……52
高校時代に戻りたいと思いますか？……54
1年生の初夏に訪れた転機……57
野球をやっていいのか？……58
毎日が甲子園……63
本当に寂しいこと……65
恩師のDNA……68

ライバルたちから受けた刺激……71
僕は意中の球団を公表したことはない……74

第3章 磨き、高める 日本生命編

ミスターアマ野球の言葉……80
ふと左を見たら、ショートがいた！……84
五輪野球はアマチュアのもの……86
逆指名は〝あうんの呼吸〟……90

第4章 一期一会 中日ドラゴンズ編 1

頼むから治療に来てくれ！……96
やっぱり無理だよね……98
記録なんか知るか！……100
外野でお願いします……105
永遠の監督、名古屋のお父さん……107
「打つこと」と「守ること」……111
黙って言うことを聞いてみる……113
松井秀喜さんは怪物……116
選球眼の正体……120
おしゃれな仁村薫さん……122
オレ流時代の幕開け……124
前田智徳を見ろ……126
僕は名馬にはなれなかった……130
第1希望は残留……だった……132

第5章 見て、感じて、学ぶ
MLB編
シカゴ・カブス
クリーブランド・インディアンス
シカゴ・ホワイトソックス
ヤンキースAAAスクラントン

偶然だぞ? 138
自己分析とアメリカ野球の環境 140
マイナー・リーガーの原動力 144
ドライか人情か 145
鈴木誠也に思うこと 148
演出は日本より進んでいる 149

第6章 伝統と情熱と
阪神タイガース編

小さいものを大きくはできない 154
『阪神園芸』はプロフェッショナル 156
3人の監督たち 158
ああ、持ってない 160
巨人戦は特別か 164
コロナ禍でのプレゼント 165

第7章 日の丸の重責
日本代表編

王さんのオファーを断るなんて…… 170
侍ジャパンに選ばれるということ 172
生き返れ、村上! 174

第8章 趣味と交遊録
番外編

荒木雅博――五本の指に入る努力家 182
岩瀬仁紀――野球選手オーラはゼロなのに…… 184
山﨑武司――名古屋の兄ちゃん 188
藤井秀悟――自由でやんちゃな親友 189

鳥谷 敬――尊敬できる本物の努力家 …… 192
丸山桂里奈―瞬く間にSNSにアップ …… 194
船舶免許を取ってみたい …… 195

第9章 運命と宿命と 中日ドラゴンズ編 2

記念品を残さない僕の大切な誇り …… 202
僕が最後に決めたこと …… 205
中日で終わって良かった …… 207
後輩たちへ。「もっと、もっと」 …… 208

第10章 未来に思う 野球界への提言

野球は〝間〟のスポーツだ …… 216
高校野球にも提言を …… 219
必ず成し遂げたい夢、理想の指導者像 …… 220

Epilogue

おわりに …… 228

福留孝介年度別成績 …… 232
プロフィール …… 239

協力
吉本興業株式会社
中日ドラゴンズ
阪神タイガース

カバー写真
阿部卓功

スタイリスト
小長谷真人

取材協力
東京ドームホテル

写真
ベースボール・マガジン社
本人提供

編集
ベースボール・マガジン社

装丁
前田象平

第1章

少年編

1977-1992

大崎ソフトボールスポーツ少年団～鹿屋ビッグベアーズ

初めての決断

ちりめんとイカとロケットと

僕は１９７７年4月26日に、鹿児島県大崎町で生まれた。父・景文、母・郁代。プロ野球選手という職業からか、よく「大きな赤ちゃんだったんでしょ？」と聞かれるが、３０４０グラムと平均的な大きさだったと聞いている。

大崎町は大隅半島に位置し、志布志湾に面している。町のホームページによると、令和5年度の人口は１万２１７８人。僕が小学生のころまでは旧国鉄の大隅線が通っていたが、廃線となり今、鉄道は通っていない。午後9時にもなれば信号は点滅し、人の姿が消える。自然豊かで、典型的な田舎町である。

思えば自然の恵みと天然の地形に育てられた気がする。川や海は遊び場だった。漁業が盛んで、ちりめんじゃこの加工場がいたるところにあった。頼めば船にも乗せてくれ、そこでまず生のしらすを頬ばる。港に帰ってくれば、次は茹でたしらす。自家製の薩摩揚げをおやつで食べ、川の土手下に手を突っ込んでうなぎもつかまえた。鹿児島県は養殖うなぎが非常に盛んだが、当時は天然ものもいたのだ。それを持ち帰って、さばいてもらって食べた記憶がある。今にして思えばどれもごちそうだが、鹿児島の田舎の子どもには日常の風景だった。

だからなのか、魚の食べ方については、厳しくしつけられた。「汚く食べるな」「もっときれいに食べろ」。両親だけでなく、町のおじさん、おばさん、みんなが子どもを叱ってくれる土地柄であり、時代だったのだ。おかげさまで、大人になってからは会食の席でよく「魚を食べるの上手ですね」と褒められる。そのたびに子どものころの記憶がよみがえり、ふと笑いがこみ上げてくる。

少し行けば、地元では有名な『轟《とどろき》の滝』があり、ダイブするのではなく滝壺に向けて滑り落ちては歓声を上げていた。まさしく天然のウオータースライダー。豊富なカルシウムを摂取し、遊びこそがトレーニングという毎日だった。

近隣の内之浦町（現肝付《きもつき》町）には、現在のＪＡＸＡ（宇宙航空研究開発機構）

の施設である『内之浦宇宙空間観測所』があった。子どもには難しいことは分からない。要するに「ロケットが発射される場所」。野球の仲間の家が、その近くにあった。そこに遊びに行けば、イカ釣り船に乗せてもらえた。網を上げ、とれたてのイカを食べながら日の出を見たこともあるし、ロケット打ち上げは何回も見た。そんなに近づかなくても、十分に迫力を堪能できるのだ。

巨大な打ち上げ花火とでも言えば伝わるだろうか。音、振動。どちらもリアルに骨に響いてくる。「これが宇宙まで飛んでいくのかあ」。そう思いながら見上げ、またイカを食べる。日本でも限られた地域の人間しか味わえない、極上のエンターテインメントだったのだと思う。

鹿児島では風向きに注意

一般的に天気予報に求める情報は何だろう。傘を持っていくか決めかねていれば「雨が降るか」「降るのなら何時くらいからか」だろうし、服装が気になる日

小学校入学前。おゆうぎ会にて

は「暑いか、寒いか」というところだろう。しかし、僕の故郷、鹿児島県では〝風向き〟が大切な情報になる。

そう桜島があるからだ。大崎町からは見えないが、その存在感はひしひしと伝わってくる。温暖な鹿児島では台風はシーズンになるとしょっちゅう影響を受けたが、雪はめったに降らないし、ましてや積もるなんてことはほとんどなかった。だけど雪ではなく灰は降る。火口から噴煙が上がるのは四六時中だが、降ってくるかどうかは風向きで決まるのだ。だからローカルニュースの天気予報では、最後に必ず風向きを知らせてくれる。桜島の東側に位置する大崎町なら〝東向き〟だと要注意。うっかり洗濯物を屋外に干したりすると、せっかく洗ったのに真っ黒になってしまう。

近年では国内で地震が頻発し、少し揺れを感じたりするとすぐにテレビで速報が流れたりするが、鹿児島では軽くブルッとふるえると「あ、噴火した」となる。するとテレビでは噴火情報が速報される。困ることはしょっちゅうだが、常に生活とともにある。そして、あの雄々しい姿は誇らしくもある。それが鹿児島県民にとっての桜島なのだ。

〝ソフトボール一択の街〟からプロが5人も？

そんな故郷はスポーツも盛んだが、他県にはない特色がある。それは多くの野球少年にとってのスタートが、軟式野球ではなくソフトボールだということだ。子どもだけでなく、大人が楽しむいわゆる〝草ソフト〟もポピュラーで、地域のグラウンドでは日常の光景だった。

小学生時代の僕にとっても他の選択肢はなく、自然な流れで3年生のときに『大崎ソフトボールスポーツ少年団』に入った。以来、中学生になるまでソフトボール一筋。つまり〝野球少年〟ではなかったということだ。

これは僕だけの球歴ではない。僕が卒業したのは大崎中。今では町で唯一の中学校となったが、当時は学年5クラス程度の中規模校だった。その母校から僕を含めて5人ものプロ野球選手が巣立っている。西武、オリックス、日本ハムで活躍した身体能力に優れた赤田将吾、今も広島で代打の切り札として頑張っている松山竜平、その1学年下で、阪神では僕のチームメイトだった左投手の榎田大樹、西武で将来が期待されている若手左腕の浜屋将太。田舎の小さな中学校から5人もプロ野球へ進んでいるのも珍しいことなのだろうが、その全員が小学校ではソフトボールチームに所属していたことも珍しい。といっても、鹿児島県民にとってはそう驚くことではなく、現在はDeNAでプレーしている大和（前田大和）も、卒業した中学は違うがやはりソフトボールが原点である。

大崎中OBの5人は、全員が『大崎ソフトボールスポーツ少年団』の卒団生。中学では地域のクラブチームや学校の部活動で〝野球〟をスタートさせ、全員が違う高校に進んでいる。

なぜ5人も？　と問われたら答えに困るが、少なくとも僕の時代はほかのスポーツをやる選択肢がなかった。そして家の中でゲームをやって遊んだ記憶はなく、

大崎ソフトボールスポーツ少年団ではピッチャーを務めた

ひたすら外を走り回っていた。他の4人もそうして知らないうちに体が強くなったのか……。ただ、大崎のソフトボールは県内でもレベルが高く、練習も厳しかった。今にして思えば一択だったとはいえ、僕がソフトボールからスタートしたことは運命だったのかもしれない。だって僕の野球人生に、決定的な影響をもたらしたのだから……。

運命の一言。「孝介は左で打ちなさい」

僕が『大崎ソフトボールスポーツ少年団』に入団したのは、小学3年生の春だった。当時の大崎町の小学生にとって、スポーツの選択肢は剣道と水泳が少々といった程度で、ほぼソフトボール一択。どこにでもある少年野球のチームは存在していなかった。最初に興味をもったのは、父親たち世代が地域や町内会単位でチームをつくり、試合をする草ソフトボールだった。そこについて行き、球拾いもやったし、メンバーが足りなければ大人にもまれてプレーした。何よりの楽しみは終わったあとにご褒美で買ってもらえるアイスクリームだった。

そこでソフトボールに目覚めた僕が、本格的にスタートするきっかけとなったのは、小学2年生の冬。校内のマラソン大会が行なわれたときのことだ。学校のトラックをまず1周して、校外に出るコースだったと記憶するが、そのレースを見に来ていたソフトボールの監督からこう言われた。

「1位になったらチームに入っていい」

僕はどうしてもチームに入り、本格的にソフトボールを始めたくてウズウズしていた。もう「ヨーイドン」からぶっちぎり。誰にも抜かれることなくゴールイン。子どものころから短距離以上に中長距離が得意だった。

もちろん約束どおり入団ＯＫ。足の速さを見込まれた僕は、すぐに監督からこう指示された。

「孝介は左で打ちなさい」

運命の一言である。この瞬間からプロでのキャリアを終えるまで、僕は左でしか打ったことがない。ご承知のように、ソフトボールの塁間は野球より短い。俊足の左打者は絶対的に有利なのだ。監督の指示もスイングの軌道や体の使い方を見たからではなく、その1点に尽きたと思う。

実際、下級生だったころの僕は主に二番を任され、走者がいようがいまいがひたすらセーフティーバントをやった記憶しかない。そして、恐らくはほとんどが成功していたと思う。塁に出るのが楽しくて仕方なかった。

ただ、見ていただけ……

あまりに熱中し過ぎると、小学生は勉強がおろそかになる。宿題は忘れがち、当然のように成績は下がる。親に叱られ、道具一式を取り上げられてしまったことがある。それでも放課後になると、練習場所に向かう。でも親の言うことには従うから、練習には参加しない。周りからずっと見ているだけ。いつもなら車で迎えに来てくれて帰るところ、親はまさか練習を見ているなどと思わないから、帰宅しない僕をずっと家で待っていた。

要するにソフトボールをやっていた時間を、何に使えばいいのか、考えつかなかったのだ。成績が落ちたのが理由なのだから、「まず勉強しろ」というのは今なら分かる。ところが９歳の僕はそれでもグラウンドにいた。別にふてくされていたわけではないのだが、練習を見終わって、ゆっくりと歩いて帰宅した。

田舎道は真っ暗。８時くらいになっていただろうか。自宅の門の前に母と祖母が立っていた。

「孝介、何してたの！」

僕は正直に答えた。

「ソフトボールはやってないよ。でもできないから何をやっていいのか分からなくって、歩いて帰ってきた」

家族はあきれたと思う。道具一式は僕の元に戻ってきて「明日から練習に行きなさい。でも勉強もしっかりやるんだよ」って。そこから成績が落ちたことはなかったはずだ。

ソフトボールの試合は小学生だと5イニング制。地域や県の大会となると、1日5、6試合は当たり前だった。6年生になった僕はエースで四番の大黒柱。1日やれば2試合はノーヒットノーランをやるくらい、投手としての僕は自信があった。10球あれば10球ともキャッチャーミットを動かさずに投げられた。

県内でも大崎は小さな町だが、わがチームは強豪として知られていた。僕の代も全国大会に出場している。ところが全国ではそう勝ち進むことはできなかった。もちろん上には上がいたということもあるのだろうが、少なくとも当時の鹿児島県代表には大きなハンディがあった。それは使用球のサイズが県内と全国では違っていたのだ。県内規格のほうがワンサイズ小さかったため、全国大会に行くとうまく握れない。

2、3回戦止まりだったと記憶するが、それでもいい思い出。そしてアイスクリームに釣られて興味をもったソフトボールこそが、僕を左打者に導いてくれたのだ。

右利きの左打者

小学生の僕は、ソフトボール一筋でまだ野球をやったことがないくせに、すでに将来は「プロ野球選手になりたい」ではなく「なる」だった。今となっては何の根拠があったのかも記憶にないが、夢という位置づけではなかったことは間違いない。

中長距離走が得意だったと書いたが、短距離走もリレーのメンバーには常に選ばれていた。ただし、僕より速い子はいた。運動神経に優れていた子はほぼ野球一択（大崎町ではソフト）の時代、土地柄ではあったが、その子は野球ではなく水泳をやっていた。〝走〟では一番ではなかったが、〝投〟なら誰にも負けたことはない。5年生のときにソフトボール投げで70メートルは超えていた。

「打」にもそれなりの自信はあった。しかし、ソフトボールを始める前段階、兄

ソフトボールを始めた小学３年時から左打ち

の後ろをくっついてやっていたゴムボールでの遊びの野球では、たしか右で打っていた。重ねて書くが、ソフトボールをやっていなければ、僕は右打者だったかもしれない。そして左打ちだったから、ここまで野球をやることができたのかなとは思う。

体の使い方を含め、自分には左打ちが合っていたのだ。例えば利き目。僕は投手から遠いほうの左目なので、左打ちだと両目でしっかりとボールを見ようとする。右が利き目だと体の使い方がかなり変わっていた気がしてならない。

そして手は右利き。つまり前の手（投手寄り）でリードする。昔は「後ろの手（捕手寄り）でしっかり」という教えではなかった。前の手でしっかり引っ張り、前の手で強く打つ。右利き、利き目は左の左打者だった僕は、こうした考えを実行するのにすごくやりやすかった。

逆に右利きの右打者、左利きの左打者はバットを握ったときに利き手のほうが上にくるから、利き手を強く使おうとすると体が前に出て行ってしまい、早く上体が正面を向いてしまう気がする。もちろん、右利きの右打者でプロで成功した選手もたくさんいるのは分かっている。だけど右利きの僕は左打者となった〝偶然〟に今も感謝しているし、心から「良かった」と思っている。それは経験に基づいてはいるが、あくまでも感覚の話でもある。自分たち経験者の実感と、科学の視点で専門家の方々が分析した理論を、もっと融合していくことができればいろいろな可能性が開けてくる。野球を始める段階で自分の適性を把握すれば、上達する道は開けるはずだ。野球に限らず、あらゆるスポーツは「もっとうまくなりたい」が原動力なのだから。

後悔しないたった1つの方法

ソフトボールに明け暮れた小学校時代から、ついに〝野球少年〟となったのは、中学校入学のタイミングだった。当初は学校の軟式野球部に入るつもりだったのだが、軽い気持ちで参加した鹿屋市の硬式野球クラブチーム『鹿屋ビッグベアーズ』の練習見学会で、考えは一変した。学校の部活動に比べ、レベルが高いなと思ったのも理由の1つだが、それ以上に魅了されたのは〝音〟である。軟球とは全く違う、硬球を金属バットで打ったときの「カキーン」という打球音。すぐに両親に「入りたい」と伝え、両親も認めてくれた。問題はその先である。

大崎町と鹿屋市は隣接しているが距離は遠い。先述のように大崎町に鉄道はない。授業が終わるとバス停へ向かう。終点までおよそ30分。たまたまその近くに親戚の家があったので、そこに自転車を置かせてもらい、さらに20分強。片道1時間近くかけ、グラウンドまで通っていた。帰りは最終バス発車後なので、バス停からは両親やチームメートの親に車で迎えにきてもらい、帰宅する毎日だった。

ポジションはピッチャー、サード、ショート。2年生のときには全国優勝も経験した。選択の余地がなかったソフトボールと違い、少なくとも軟式の部活動と、通うのは大変だが魅力的だった硬式のクラブチームという二択から自分なりに考えた。その後も人生で何度も大きな分岐点に立つことになるのだが、いわば初めての決断。どんなときも、僕は自分で考え、自分で決めてきた。もちろんそれをサポートしてくれた家族のおかげだが、決定者は自分。どんな結果になろうとも、それが後悔しないたった1つの方法なのだと思う。鹿児島の田舎町で野球と出会い、おもしろさに魅了された中学校時代。そして、自分が思いもしなかったもっと大きな決断の日は、少しずつ近づいていた。

どしゃ降りの日生球場

わがビッグベアーズは、全国大会の常連チームだった。2年生のときは全国制覇もできたし、少しずつ僕の名前も知られるようになっていった。ある全国大会で、僕の人生は大きな転機を迎えることになる。

ＪＲ大阪環状線の森ノ宮駅からほど近い場所に、日生球場があったことを知るファンはどのくらいいるのだろう。近鉄バファローズの準本拠地として使用されていたが、現在では取り壊され、跡地には商業施設が建てられている。そんなレ

鹿屋ビッグベアーズ入団で野球に転向した

トロな球場で、僕はプレーしたことがある。プロ野球ではなく、ビッグベアーズでの話だ。

とある全国大会。当日は土砂降りの雨だったことは、強烈に覚えている。近隣の他球場の試合は全て中止。本当に田植えでもできそうなグラウンドコンディションの中、日生球場の僕たちの試合だけが強行された。そこで僕は弾丸ライナーを右翼席中段に運んだ。プロ野球レベルで言えば、狭くて打者有利のいわゆる〝バッターズパーク〟だったが、中学生にとってはプロと同じ舞台でホームランを打てるなんて、うれしいのひと言。その打球が僕の人生を変えた。

井元《いのもと》俊秀さん。この名前でピンときた人は、相当な高校野球通だ。PL学園高野球部を起ち上げた方で、伝説のスカウトマンとして高校野球界では広く知られている。この日、旧知の関係者らとバックネット裏で傘を差して試合を見つつ、雑談がてら情報交換をしていたようだ。そんなときに出た僕のホームランは、インパクト十分だった。

「これは誰？」「鹿屋ビッグボーイズの福留？」。初めてＰＬ学園関係者に、僕の名前がインプットされた。全国屈指の強豪校に、鹿児島の少年がスカウトされる第一歩。といっても、その顛末を僕が知ったのは入学後のことである。

「何で誘ってくださったんですか？」

「あの日生球場でのホームランを見た。覚えているだろ？」

「もちろんです」

「これはぜひ勧誘しようとなったんだ」

そんな事情を知らなかった僕のところを最初に訪ねてきたのは、井元先生ではない。九州を統括するＰＬ教団の方だった。ＰＬ学園はもちろん知っていたが、ＰＬ教の知識はほぼ皆無。ただ、その方はかなりの野球好きだった。井元先生から連絡があり、頼まれたこと。拠点のあった福岡からわざわざ訪ねてくださったこと。もちろん即答できる話ではなかったが、その方は九州各地で行なわれた大会に、僕を見るために足繁く通ってくださった。

3年生の夏の大会が終わり、いよいよ進路を決めるときが来た。鹿児島はスポーツ熱が高く、私学だけでなく県立高校からも勧誘がくる。県内で25、6校はあったろうか。県外からも10校ほど。福岡県や遠く神奈川県の高校からも声がかかった。その中にあった『PL学園』。親元を離れて、勝負しようという思いもむくむくとわいてきた。逃げ道を無くし、日本一の環境でやってみたい。両親とも話し合った上で、やはり自分で決めた。

夜、かなり遅い時間だったと記憶する。いつも来て下さった福岡の教団関係者に電話をかけ「PL学園でお世話になります。よろしくお願いします」と伝えた。両親はいつものように、僕の決断を尊重してくれた。15歳の夏。僕はあこがれの立浪和義さんと同じ高校へ進むことを決めた。

運命の青い糸?

運命に導かれたのか。それとも宿命だったのか。僕が後に入団する中日ドラゴ

鹿屋ビッグベアーズ時代

鹿屋ビッグベアーズ時代

ンズと初めてつながったのは、まだソフトボールに熱中していた小学4年生のころだった。

1988年2月。僕は週末ごとに宮崎県の串間市にいた。当時の中日のキャンプ地。県境は越えるが移動時間は鹿児島市に行くよりもはるかに早い。こうした地理的な条件ももちろんあるが、串間キャンプが小学生の僕を惹きつけた理由は〝自由〟だからだ。当時の鹿児島の少年にとって、プロ野球イコール巨人。だから少し遠いが、宮崎市内で行なわれているキャンプにも行ったことはある。テレビで知っている選手がズラリ。それが宮崎キャンプのおもしろさであるとすれば、つまらなさはじっと座っていなければならないこと。見学者の数が多いからだ。

その点、串間には10歳の子どもがうろちょろしても許される〝自由〟があった。テレビの中のスターが、はるか遠くにたくさんいるおもしろさよりも、メーン球場とサブグラウンドを行き来する選手たちと一緒に歩いても叱られないおもしろさ。その距離感が僕をとりこにし、毎週のように僕は串間まで通い詰めた。

ブルペンよりメーン球場での打撃練習を見る時間のほうが圧倒的に長かったのは、のちに僕が打者になったからではない。飛んでくるボールを追いかけるスリルが楽しくて仕方なかったからだ。グラブは持っていたが、捕れた記憶はない。いざ打球が飛んでくると恐ろしかったのだ。それでも僕の指定席は右翼側の芝生席だった。体はそんなに大きくなさそうなのに、よく芝生まで飛ばす選手がいたからだ。背番号3。立浪さんの新人時代だった。

飛んでくれば追い、拾う。芝生席を縦横無尽に走り回る少年の姿は、そのうちスタッフには有名になったようだ。あるとき「ボールあげようか?」と言われた。初めて自分の物になった硬球に、胸が高鳴った。思わぬプレゼントをくださったスタッフは、少し脚が悪く、歩き方に特徴があった。11年後に僕が入団したとき、「もしや」と思った。向こうも新人の福留は小学生のころに串間キャンプによく来ていたと聞いたらしく「あのときの少年か?」と。感動の再会である。

僕が打球を追った立浪さんとも、入団前に再会を果たしている。中学3年生で

ＰＬ学園に進路を決めたころ、すでにスター選手となっていた立浪さんと食事をする機会に恵まれた。入学すれば練習に忙しい上に、プロアマ規定にも抵触する。同じ遊撃手。中学生のモチベーションをより高めさせるためにも、こうした会食をセッティングするのがある意味でＰＬ学園の伝統だった。僕ものちにそうした役目を請け負っている。

緊張で何を話したのかは全く覚えていないが、そのときに立浪さんからいただいたバットは、今も実家に大切に置いてある。今にして思えば、ずいぶん昔から僕とドラゴンズの間は、青い糸で結ばれていたのだ。

第 2 章

PL学園高編

1993-1995

後悔なき選択

戦いの日々の始まり

15歳の春。僕は初めて故郷を離れた。思えばあれから30年。「ただいま」と帰郷することはあっても、鹿児島で暮らしたことはない。あの自然豊かな大崎町で暮らした日々も、人生の3分の1になってしまった。

PL学園は大阪府南部の富田林市にある。学校、野球部専用グラウンド、そして僕たちが暮らした研志寮は、すべて広大な教団施設内にあった。つまり、バスと自転車で片道1時間を費やして練習場所に向かっていた中学時代と比べ、いい意味では学校生活に集中でき、悪い意味では一般社会と隔離された毎日だった。

PL学園野球部では、同学年ごとに「○期」なのかを教えられる。清原和博さん、桑田真澄さんの〝KK世代〟は31期。春夏連覇を達成した立浪さん、片岡篤史さんたちは33期。僕は41期である。これは卒業後にもついて回り、例えば初めて会った先輩に尋ねられたら、「41期です。○○と同期になります」とあいさつする。先輩、後輩の上下関係はプロ野球で活躍したからといって、決して変わることはない。

2学年上に松井稼頭央（当時和夫）さん、1学年上が大村三郎（サブロー）さん、宇高伸次さん、そして僕の同期には前田忠節がいた。もっと上に遡っても、下をたどっても、ほとんどの期にプロ入りした選手がいる。甲子園に出場し、活躍し、優勝することは目標にはしていたが、あくまでも通過点。その先にはプロ野球を常に、そして明確に意識していた。

もっとも、それは僕だけではなかったはずだ。41期は総勢21人。僕以外にも、静岡出身がいたが、大多数は和歌山、奈良、兵庫といった関西圏出身者だった。誰もが地元のみならず、全国の中学野球で名を知られた有名選手。甲子園にたどり着くには切磋琢磨、一致団結して戦わねばならない仲間だが、試合に自分が出るためには超えるべきライバルだった。厳しい練習はすなわち生存競争。ただし、すさまじい戦いはグラウンドだけではなかった。良くも悪くもPL学園野球部を象徴する研志寮での集団生活は、まさしく〝戦いの日々〟だった。

研

「ほっといてくれ」で、そのままにしたら……

僕が研志寮に入ったのは、入学式より前だった。数日間は新入生だけの部屋で過ごしたが、すぐにそれぞれの部屋が割り当てられた。ＰＬ野球部には〝付き人制〟があり、１年生はその３年生の身の回りの世話をする。だいたいどの期も20人前後と決まっており、３年生と付き人となる１年生はもちろん相部屋となる。そこに２年生を加えた７、８人で１部屋といった具合だった。

僕は上ノ山義治さんの付き人になった。２学年上のキャプテンで、卒業後は東京ガスでプレーされた方である。寮生活そのものがそれほどつらかった記憶はないのだが、僕が最初につまずいたことは鮮明に覚えている。それは言葉の壁。鹿児島弁しか知らなかった少年は、先輩たちが話す早口の関西弁を聞き取れなかったのだ。それでなくても１年生に許されるのは「ハイ」と「いいえ」だけ。とりわけコーチは河内弁でまくしたてるので、向こうは普通に話しているつもりでも、

PL学園高の研志寮前で。写真は高校３年のドラフト会議時

こちらには怒っているようにしか聞こえず、本当に怒っているときも内容を理解できなかった。

グラウンドでミスをすれば「おまえいいね！」。寮生活では紙くずにしか見えないものを渡されて「これ、ほっといて」。それぞれ「向こうに行っとけ！」「ゴミ箱に捨てておいて」という意味なのだが、聞いたことも使ったこともない言葉。ちなみに紙くずを渡された僕は……ほっといた。つまり、放置したのである。しばらくして、2年生が「おまえ、何してんねん！」と血相を変えて飛んできた。僕は正直に「え、そのままにしておくんじゃないんですか？」と答えたのを覚えている。

真っ黒を真っ白にする

ＰＬ学園野球部ＯＢなら、たぶん全員が口をそろえると思うのだが、最もつらかったのは洗濯だ。1年生が付き人の先輩の洗濯物を洗う。確か洗濯機は寮の3階に2台、1階に3台。入寮時に伝えられた持ち物リストには「洗濯板、固形石けん」と書かれていた。洗濯板？　はて。宮崎の青島にある『鬼の洗濯板』と呼ばれる名所は知っていたが、実物は見たことも使ったこともなかった。そもそも、洗濯は親がやってくれていたのだから。

野球部の練習着である。真っ黒に決まっている。その洗い方もたたみ方も、自分が付いた先輩ごとに流儀があった。脈々と受け継がれる系統、系列のようなものがあって、上ノ山さんも1年生のときは同じ洗い方をやっていたわけだ。不幸なことにわが系統は「真っ白にする」が絶対条件だった。つまり、真っ黒になった物を真っ白に戻すのである。

洗濯板が必要な理由が、そのときに初めて分かった。真夏でもゴム手袋をして、お湯でもみ、固形石けんでこすり、蛍光灯にすかして確かめる。そこから空いている洗濯機を見つけ、回す。汚れが落ち切っていなければ、再びこする。すかして見る。洗う……。乾燥機はNG。それをやり終えて、先輩の起床前にはたたんだ状態で枕元に置くのが付き人の仕事だった。

先輩がスライディングやノックで打球に飛びついて、練習着が黒くなるたびに1年生は下を向く。そして、言うまでもないことだが、付き人の仕事は洗濯だけではない。

鳴ってはいけない目覚まし時計

寮生活で最もつらかったのは洗濯だが、1年生の仕事はそれだけではない。起床は5時半。1日で最初の仕事は先輩を起こすことだ。しかし、目覚まし時計が鳴ってはいけない。鳴るのが目覚まし時計の役目なのだが、鳴る前に止めるのがPL野球部1年生の任務なのだ。

ジリジリジリと、ベルが鳴るコンマ数秒前に、予備音のような「カチッ」と音がする。あれがとてつもなく大きな音に聞こえ、反射的に止められるようになる。訓練のたまものなのか、恐怖心がそうさせるのか。もし鳴ったら、連帯責任。1

年生全員が〝呼び出し〟を受ける。3年生が直接、怒ることはない。3年生が2年生を叱り、叱られた2年生の怒りが1年生に降ってくる。〝呼び出し〟では、読者の皆様が想像するようなあらゆることが行なわれる。それを何度か経験すれば、自然と鳴る前の目覚まし時計を止められるようになるものなのだ。

朝食や体操を済ませ、1年生だけで集まって登校する。全てが敷地内にあるので、寮から校舎まで1・5から2キロくらいだっただろうか。

「歩調～、歩調～、1そ～れ、2そ～れ、3そ～れ、4そ～れ、1、2、3、4……」

全員で手と足の動きをそろえ、声も合わせて校舎へと歩く。これがPL学園野球部OBなら誰もが体験した〝歩調〟である。

15時授業終了。15時45分練習開始。この45分間が文字どおりの〝サバイバルレース〟だった。下校に〝歩調〟などない。1年生全員がグラウンドへ全力でダッシュする。45分間でグラウンドを練習できる状態に整備するのが1年生の仕事。水をまく係、トンボでならす係、やることも分担するエリアもすべて決まっている。ただし、グラウンド到着が遅れた後ろの3人は、先輩からの用事に備えて寮に待機するのがルールだった。すると、その人間がやるはずだった仕事、エリアは手つかずになる。〝サバイバルレース〟に後れを取ると、整備ができないのだ。

万が一、そのエリアでノックの打球がイレギュラーしたら……。だから走る。着替えたりしない。全員が制服の下にユニフォームを着込んでいた。生き残りを懸けた全力ダッシュだったのだ。

高校時代に戻りたいと思いますか?

〝歩調〟で登校し〝全力ダッシュ〟で下校する。グラウンドを整備して、ようやく練習が始まる。しかし、1977年生まれの41期生でも練習中は「水を飲んではダメ」だった。抜け道はいくつかあった。水は飲んではいけないのに、投手が肩やヒジを冷やすアイシングは当時から行なわれていた。製氷機はグラウンドから少し離れた場所にあり、そこまで行って、氷を詰めてくるのも1年生の仕事だった。お分かりだと思うが、争奪戦になるのである。

もう1つの抜け道が、当番制だった風呂の準備と炊事。練習中に隣接する寮に帰り、お湯を張ったり、食事の準備をしたりする。もちろん、先輩たちも通った道。少しでも遅くなったら「唇が潤ってんな」と……。

全体練習が終わるのは19時。もちろん1年生に安息はない。当番は先に書いた炊事、風呂と用具磨き。数分で入浴を済ませ、夕食では先輩の給仕をする。先輩がどんぶりを持ち上げたら、おかわりのサイン。いや、持ち上げてくれる先輩は楽だった。皿を頭に乗せる人がいた。ほんの少しだけしか動かさない人もいた。1年生にゆっくりと食事する時間などない。先に一気にかき込むか、先輩たちの動作に全集中しつつ食べるか。

そこからようやく洗濯が始まるのだ。就寝は23時だったか、24時だったか……。

先輩より先に寝ることはできない。そして翌朝の起床。目覚ましが鳴る前に時計を止めて……。その繰り返しだった。

よく聞かれる。「高校時代に戻りたいと思いますか？」と。一般の方は〝密な青春〟を過ごす多感な時期。甘酸っぱい思い出もあることだろう。しかし、これは全てのＰＬ学園野球部ＯＢが口をそろえるだろうが、「３年生ならまだしも、１年生だけは絶対にイヤ」。人生であんなに洗濯をしたことはない。あんなに水を飲まずにスポーツをしたこともない。無理と理不尽の塊のような毎日だった。

進学を後悔したことはなかったけれど、通学できる環境はうらやましかった。だってどれだけ厳しい練習をしても、終われば家に帰れるわけだから。帰省は年末年始だけ。希望と大志を抱いて春に入寮したが、初めての正月休みが終わって、寮に戻るときは本当につらかった。富田林にはＰＬ教の巨大な塔（大平和祈念塔）がそびえていた。あの塔が見えてきたと思ったら、あっという間に大きくなる。涙がにじんだ日のことを、今もよく覚えている。

それでも本当に野球部をやめて帰ろうと思ったことはない。それは逃げ出し方すら分からなかったから。鹿児島出身の僕はあきらめていたけれど、関西の子は脱走していた。3年生まで残ったのは18人だった。

1年生の初夏に訪れた転機

「無理」と「理不尽」の毎日ではあったが、こと野球に関しては日本一の環境だった。僕の転機は1年生の初夏に訪れた。先輩たちは愛知での招待試合で遠征中。残った下級生で金光第一（現金光大阪）と練習試合を行なった。僕たちにとっては高校初の実戦。そこで僕は2本の本塁打とフェンス直撃の三塁打を放った。

その翌日。いつものように球拾いをして、練習の最後にあわただしく打つはずが、ベンチ前に呼ばれた。「今日からメンバーといっしょにやれ」。夏には二ケタながら背番号をもらい、ベンチ入り。レギュラーだった先輩が体調を崩したこともあり、三塁手として試合にも出場した。

秋の新チームからは背番号「6」で四番を任されるようになった。翌春のセンバツ大会で、初めての甲子園出場も果たした。鹿児島で生まれ育った僕にとって、プレーはもちろん見るのも初めての甲子園。ものすごく緊張して、地に足がついていない感じがしたが、拓大一（東京）に10対0、金沢（石川）に4対0、神戸弘陵（兵庫）との準々決勝にも10対1と勝ち進んだ。

神戸弘陵戦では僕も2安打、3打点。準決勝で智弁和歌山（和歌山）に敗れはしたものの（4対5）、自信をつけて帰ってくることができた。次の甲子園は翌春のセンバツ大会。最上級生として帰ってきた大舞台が、まさか高校野球史に残るような大会になるとは、思ってもみなかった。

野球をやっていいのか？

2年生の夏が終わり、いよいよ僕たち41期生の代になった。PL学園のキャプテンは、監督とメンバーによって決定するのが伝統だった。そして僕が寮長とキャプテンに選ばれた。最初にやる仕事は決めていた。同学年全員を集め、こう伝えたのだ。

「絶対に下級生に手を出すな。言いたいことがあれば、キャプテンのオレにまず言ってくれ」

格好つけるわけではないが、これは下級生からレギュラーになった経験があればこそ。全国から腕自慢が集う高校だが、全員が出られるわけではない。「こんなはずではなかった」という上級生のストレスや不満が、どんな形でどこに向かうかを、僕は肌身で知っていたからだ。


スタートは順調そのものだった。大阪府大会に続いて、近畿大会も危なげなく優勝。翌春のセンバツ出場は確実となっていた。ところが、そんな空気が一変したのが１９９５年1月17日だった。未明に起こった『阪神・淡路大震災』。震源からは比較的離れている富田林でも、激しい揺れに見舞われたことを覚えている。

しかし、兵庫県を中心とした被災地はそんなものではなかった。テレビが伝える惨状。息をのむ光景に信じがたい思いだったが、誰かがふと漏らした。「センバツ、あるんかな」。気にはなったが、野球どころじゃないという思いも、高校生ながらに感じていた。

当初は2月1日に開催予定だったセンバツ出場校を決める選考委員会も延期に。ようやく17日に大会開催が決まり、21日に出場の知らせが届いた。うれしさや安堵感もあったが、それよりも強かったのが不安というか「本当に野球をやっていていいのか？」という心配だった。

前年は学校の寮からバスで甲子園までを往復していたが、あの年から大阪代表もホテルで宿泊するようになった。ただし、被災地の交通はなお寸断されており、球場への移動はすべて阪神電車。応援団のバスも球場周辺には乗り入れできず、楽器の演奏も自粛を求められた。

電車の車窓から見えた風景を、今でも覚えている。多くの民家の屋根はブルーシートで覆われており、沿線の住民はまだライフラインの復旧もままならなかった。甲子園球場は被災地の中にあったのだから。

ずいぶんと月日が経ち、年齢も重ねた今なら「だからこそ少しでも明るい話題をスポーツで」という考えも理解はできる。しかし、当時は試合ができるうれしさとともに、「喜んでいるような顔をしてはいけない」とも思っていたのは間違いない。


開会式では全国からのメッセージが寄せられ、外野フェンスには「復興・勇気・希望」という横断幕が掲げられていた。

開会は3月25日。その5日前には、あの『地下鉄サリン事件』が起こり、とにかく日本中が緊張感に包まれていた。僕たちの試合は開幕日の第3試合。いろいろな意味で落ち着かないまま、東の優勝候補と言われていた銚子商（千葉）と対戦し、乱打戦の末に7対10で敗退した。延長11回。僕は甲子園で初めてのホームランも打ち、何と投手として登板もした試合だったが、そんなうれしさや悔しさよりも、やはり思い出すのは屋根を覆ったブルーシートである。

P L
AKUEN
OS

毎日が甲子園

被災地でのセンバツを悔しい初戦敗退で終え、僕たちは最後の夏に気持ちを切り替えていた。もちろん、目指すは全国制覇。そのために、それぞれが地元を離れ、苦しい寮生活を乗り越えて練習に打ち込んできたのだ。日本一の激戦区と言われた大阪府大会を勝ち抜いて、僕にとっては3度目の甲子園切符をつかんだ。

1回戦の相手は北海道工（南北海道、現北海道科学大高）。2回に2点、3回は打者一巡の猛攻で一挙8点を奪い、試合を決めた。僕自身も満塁本塁打を含む2打席連続ホームラン。12対3と幸先良いスコアで2回戦へと駒を進めた。

次の対戦相手は城北（熊本）。小刻みに挙げた3点を、エースの前田が8安打を打たれながらも要所を締め、1失点完投で守り切った。3回戦は日大藤沢（神奈川）。1点を追う7回に、一挙5点を奪って10対5で逆転勝利。僕たちはベスト

8に進出することができた。

準々決勝の相手は智弁学園（奈良）。1回表に1点を先取したが、その裏に守備が乱れた。四球に失策や野選がからんで、無安打なのに3失点。2回にも3点を失い、3回に得意の集中打で5点を奪って一度は振り出しに戻したものの、それが精いっぱい。4回に2点を勝ち越されそのまま僕たちの甲子園は幕を閉じた。

3度の甲子園で6勝。僕も最後の甲子園では15打数7安打、7打点と爪痕を残すことはできた。子どものころからあこがれた立浪さんと同じユニフォーム、同じ背番号「6」を背負い、同じキャプテンとして自分のベストは尽くした。

心から「したい」と思い、実際に「できる」とも思っていた全国制覇。あの洗濯の日々や、わずかな水分をすするための工夫は、今も覚えている。あの経験があるから言えること、周りの人への思いやりを考えたりもする。

ちなみにPL学園の野球部OBは、出場経験の有無に関係なく「甲子園の土」

は持っていないはずだ。立浪さんが自分が守っていたショート付近の土をひとつかみだけ持って帰ったという話は聞いたことがあるが、それは自分へのご褒美というか、優勝直後の閉会式があったからだと思う。禁止というより、そういう習慣が部としてなかったのだ。

その代わりというわけではないだろうが、当時の高校のグラウンドは広さや土質も完全に甲子園仕様だった。確か整備も甲子園球場を担当している『阪神園芸』さんに依頼していたと思う。毎日が甲子園。そこで力を出し切れるような環境を整えてくれていたわけだ。

本当に寂しいこと

先輩を「くん付け」で呼ぶなど、敬語不要の環境で育った若い世代や、自分の子どもたちに話をしても、なかなか理解できない時代だったと思う。恐怖、強制、理不尽。その先に行き着いたのは暴力事件に端を発した休部だった。春20回、夏

17回の甲子園で計96勝、全国制覇7度のPL学園野球部は、2016年夏を最後に活動を休止している。

活動を再開するには野球部だけではなく、学校、ひいてはPL教団も絡んだ難しい問題だ。僕が引退したことで、卒業生で現役の選手は前田健太(ツインズ)、中川圭太(オリックス)だけになった。後輩の活躍を見る機会が減り、夏の足音が近づいたころに「今年のチームはどうなんだろう?」とすら思えないのは本当に寂しいことだ。

ただ、苦楽をともにした41期生の仲間とは、年齢を重ねても集まる機会がある。家業を継いだ者、職場で草野球を楽しむ者、人生はそれぞれだが僕が辞めるまでは球場にも足を運んでくれたし、昔話に花を咲かせた。苦しかったこと、つらかったこと。この時代に当時の理不尽を肯定するつもりは毛頭ないが、それを体験し、共有してきた仲間の前だけは、なぜか笑いの場になるのである。

3年生夏の甲子園にて

恩師のDNA

わが恩師の話をしよう。ＰＬ学園での3年間、僕を指導してくださった中村順司監督である。甲子園には16度出場して、通算58勝もすごいが、10敗しかしていない。つまり6度全国制覇をしているのだ。そのうちの6勝と3敗に僕も関係していることになる。こうした実績から、卓越した采配面の評価が先行しがちだが、教え子の僕にとっては試合以外のほうがはるかに影響を受けた。それは〝基本〟と〝礼節〟である。

練習で最も重要視し、時間も割いていたのがキャッチボールだ。少し野球をやっていた方でもウオーミングアップだととらえているかもしれないが、ＰＬ学園の卒業生にとっては大切な基礎。そこがおろそかだと上に建物を建てても、少しの揺れで傾いたり崩れたりしてしまう。

印象に残っている1日がある。それは3年生のセンバツで、銚子商に初戦敗退した翌日のことだ。何と1時間以上もキャッチボールに費やしたのだ。投げ続けたのではなく、途中で何回も止めては全員が集合して、乱れている部分を指摘され、また再開する。

理由は分かる。失策が敗因だったからだ。多くの監督は猛ノックを延々と浴びせるのではないだろうか。中村監督はそうではなく、キャッチボールに遠因があると見たのだ。内野や外野からの送球はもちろん、1点を左右するカットプレー、コンマ数秒で成否が分かれるダブルプレー。すべての基礎はキャッチボールにある。そう教えられてきたのだが、どこかで軽く見ていた。少なくとも中村監督の目にはそう映ったと解釈している。携わった全ての期からプロ野球選手を輩出しているからといって、中村監督は決してプロ予備軍かのような高度なプレーを教えたり、求めたりしたことはない。

試合の厳しい局面でも、最後に信じられるのは自分がやってきた練習だ。その思いを引き出してくれるのは平常心だ。ある程度の年齢の野球ファンなら、PL学園の選手が打席などでユニフォームの胸の部分をギュッと握りしめているシーンを覚えていることだろう。ユニフォームの下には試合のときだけではなく、普段から〝アミュレット〟（お守り）をつけている。しかし、あれは「打たせてください」と、いわゆる神頼みをしているのではない。「平常心でいられますように」と心を落ち着かせているのだ。平常心を保つことこそが、いい結果を引き出す。もちろん、その裏付けはグラウンドでの練習である。

グラウンドを出れば厳しく礼節をたたき込まれた。「選手として野球がうまいかどうかより前に、礼儀とあいさつと人への思いやりを忘れるな」と。卒業して30年近く経って、しみじみと感じるのは高校時代にレギュラーではなくても、大学に進んでから花が咲く。もっと後々に輝くときも訪れる。18歳で少々騒がれたとしても、それは一瞬に過ぎないのだということだ。

確かに中村門下生にはたくさんのプロ野球選手がいる。名球会員もいる。一方で高校野球の指導者となった卒業生も多い。佐久長聖（長野）の藤原弘介監督は38期。津田学園（三重）の佐川竜朗監督は42期。母校の野球部は活動休止してしまったが、恩師のDNAは全国に散っている。

ライバルたちから受けた刺激

よく日本代表に選ばれることを「日の丸を背負う」などと形容するが、僕が初めて日の丸を背負ったのは高校2年生の冬だった。

第1回AAAアジア野球選手権。1994年末から翌年の1月にかけての大会だったこともあり、1・2年生だけで選抜された。日本代表を率いたのは、横浜高の監督を務めておられた渡辺元智（当時元）さん。メンバーには投手では1995年ドラフトで広島から2位指名される関西高の吉年滝徳。早大に進んだあと、ヤクルトに逆指名で入団し、2001年には最多勝を獲得するなど、通算83勝を挙げた今治西の藤井秀悟がいた。野手では僕と同じ遊撃手で、地元のロッテから

1位指名される銚子商の澤井良輔ら総勢18名の〝日本代表〟だった。

全国から同学年のライバルたちが集まり、オーストラリアで年を越した。そのスペシャルな高揚感はあった。「負けたくない」という思いと、「力を合わせて勝とう」という団結力。その大会には日本、中国、台湾、オーストラリアが出場していたが、予選リーグで5勝1敗、決勝トーナメントも勝ち切って、僕たちは初代王者に輝いた。

翌春にセンバツの初戦で対戦し、僕たちが負けることになるのが澤井のいた銚子商だった。ポジションだけでなく、同じ左打者。大会では僕が遊撃手で澤井が三塁手だったが、意識はしていた。甲子園ではチームだけではなく、個人的にも勝てたなんて思えなかった。澤井は最初の打席でガツンと打ってきて、正直「こいつ、すげえな」と。PL学園に激闘の末勝ったことで、銚子商は準優勝という結果を残した。僕たちは負けて厳しさを知った。負けから学ぶものはあった。甘い世界ではないんだと思い知った。

高校日本代表にて

こうした縁から澤井については夏の結果も気にしていたが、同時に僕にはその前に倒すべきライバル、負けてはいけない強敵がいた。近大付の山下勝己（現勝充。近大から近鉄、楽天）、上宮の三木肇（ドラフト1位でヤクルト入団。現楽天二軍監督）。3人とも遊撃手で、いずれも大阪の強豪校。何かと比較されていたし、激戦区・大阪を勝ち抜くためには避けては通れない相手だった。

思えば同学年の4人の遊撃手は、僕も含めて3人が高卒で1位指名されているし、全員がプロに入っている。まさしくしのぎを削った間柄。彼らだけではなく、17歳で初めて背負った日の丸と代表メンバーから受けた刺激は、その後の野球人生で大きな財産となった。

僕は意中の球団を公表したことはない

1995年11月22日。僕の人生で大きな節目となる1日だった。ドラフト会議である。当日の朝は、まさか生涯で2度も指名されるとは思っていなかったが……。

すっかり一人歩きし、定説かのようになっているが、ここでしっかりと訂正しておきたいことがある。僕はドラフト前に意中の球団を公表したことはない。ほかの人は口にしていたけれど、僕は高野連からしっかりと釘を刺されていたからだ。意中は巨人と中日。これも定説となっているが、セ・リーグの球団なら入団していいた。もっとも、口にしなかっただけで各球団のスカウトの方は、僕の意思を知っていたはずだ。それを調べるのが大切な仕事なのだから。報道各社の皆さんも、僕の口から聞き出したのではなく、スカウトの方々を取材して「意中」を探り当てたのだと思う。

ドラフト前に学校に来て下さった7球団とは、失礼のないようにと全て話を聞いた。しかし、その7球団は指名した球団とは一致していない。来たけれど指名されなかったのが阪神で、来なかったけれど指名したのがオリックスだった。もっとも、阪神はその場で「指名しません。うちでは育てられないので」と聞いていた。ビックリはしたけれど、逆に誠実だなという印象を抱いたことを、今も覚えている。

指名は近鉄、中日、日本ハム、巨人、ロッテ、オリックス、ヤクルト。つまり「7分の3」の確率で、プロに入っていたことになる。しかし、実際にはほかの6球団にチャンスはなかった。なぜなら、最初に封筒を引いたのが近鉄の佐々木恭介監督だったからだ。「一番上を引くと決めていた」と佐々木さんから聞いたのは、ずいぶんあとになってからのことである。

佐々木監督が「ヨッシャー」と叫んだ瞬間を、僕は校長室のテレビで見ていた。授業時間ではあったが、特別に配慮してもらっていた。そのシーンを見ながら考えたのは「内定をいただいていた社会人野球の日生（日本生命）にお世話になろう」ということだけだった。別室での記者会見の前に、両親に連絡して「日生に行くから」と伝えたし、竹中徳行野球部長も日本生命に「予定どおり、お世話になります」と入社の意思を連絡している。

その日の夕方には、東京のドラフト会場から佐々木監督、近鉄の球団社長が学校まで足を運んでくださった。佐々木監督とは計3度ほど話をした。会えば翻意の可能性があると思わせてしまうという考え方もあるだろうが、僕は〝門前払い〟などとても非礼だと思っていた。相手の目を見て、自分の考えを話す。その考えとは日本生命に入社し、3年後のプロ入りを目指すこと。意志の固さというか、決めたことを変えるのが嫌だった。決めるまでに十分に考えたのだから。そういう意味では終始一貫、迷いもぐらついたこともなかった。もちろん、せっかく指名していただいたこと、何度もご足労いただいたことは本当に申し訳ないと思っていたが……。

第3章

日本生命編

1996-1998

磨き、高める

ミスターアマ野球の言葉

自分の運命がくじ引きで決まってしまうドラフト制にも、交渉権を獲得した近鉄にも、何の恨みもなかった。ただし、迷いもなかった。自分で考え、決めたとおりに「日本生命に行く」。遠回りをさせられたというようなネガティブな気持ちではなく、この決断は次の3年間でもう一回、目立ってやろうというポジティブなものだった。

3年後にプロ。今度は逆指名で意中の球団へ。18歳の僕は、よく言えば向上心にあふれていたが、周囲の大人からはさぞかし「小生意気な小僧」に見えたことだと思う。甲子園でチヤホヤされ、ドラフトで騒がれ……。そんな「小僧」に厳しく指導してくれた人がいる。日本生命の枠を飛び越え、『ミスターアマ野球』と呼ばれた杉浦正則さんだ。

和歌山県の橋本高から同志社大を経て、日本生命へ。僕が出会った1996年には、すでにバルセロナ五輪にも出場(銅メダル)し、都市対抗野球で橋戸賞（翌1997年に2度目の受賞）にも輝いていた。

当時の杉浦さんのスライダーは、僕は映像でしか見たことがないが、誰もが「一番すごかった」と言う伊藤智仁さん(ヤクルト)にも匹敵する曲がり幅だった。「プロ並み」どころかまさしくプロそのもの。若い読者は、あるいはこう思うかもしれない。「では、なんでプロに行けなかったの？」。行けなかったのではなく、行かなかったのだ。

恐らく、杉浦さんが「行く」と言えば、解禁後はいつでもプロは逆指名枠を空けたことだろう。しかし、杉浦さんにはプロで活躍する以上の夢があった。

入社してしばらくしたころ、僕は初めて全日本の合宿に招集された。新大阪から同じ新幹線での移動中に、杉浦さんは僕にこう言った。

「3年間、腰掛けのつもりなら絶対に成功しないよ」

今でも忘れられないひと言だ。社会人野球を甘く見るなよ。杉浦さんはそう言いたかったのだ。

周囲の人間は福留を見ているぞ。そういう安易な考えは今のうちに捨てろ。目いっぱい、野球に向き合え。杉浦さんの言葉を「僕にはそんな甘さがにじみ出ているんだ。周りからはそう見えているんだ」と受け止めた。

入社して早々に、こういう耳の痛いことを言ってくれる先輩がいたことは、本当にありがたかった。もちろん将来のプロ入りを視野に入れている選手もたくさんいたが、決して「腰掛け」ではなかった。社会人野球、全日本、五輪野球。これらに強い思いを懸けている人たちがいた。僕の中でその筆頭は杉浦さん。あの新幹線での言葉を聞いてから、僕は考えを改めた。

3年でプロに行ける保証など、どこにもない。たとえ4年、5年かかろうが、自分を磨いてレベルを上げる。ここから僕の社会人野球はスタートした。

PL学園高卒業後は日本生命でプレー

ふと左を見たら、ショートがいた！

僕が近鉄入りを拒否して日本生命に進んだ理由の1つが、オリンピックである。入社した1996年はアトランタでの開催が決まっていた。正式種目となった前回（1992年）のバルセロナでは銅メダル。悲願の金メダルへ、絶対に避けては通れない相手がいた。キューバである。

オマール・リナレス、オレステス・キンデラン、アントニオ・パチェコ……。間違いなく世界最強の打線だった。川島勝司監督率いる日本代表も、負けてはいない。大学生が4人、社会人が16人。のちに〝平成の三冠王〟となる松中信彦さん（新日鉄君津）が四番を打ち、井口忠仁さん（現資仁、青学大）、今岡誠さん（現真訪、東洋大）、谷佳知さん（三菱自動車岡崎）ら強力なメンバーで立ち向かった。

キューバ代表の中軸が、当時のメジャー・リーグでプレーしていたら、とてつもない大型契約を手にしていたことだろう。日本ものちのプロ野球での実績を考えれば、決してひけは取らない。恐ろしいのは社会人野球も五輪野球も、当時は金属バットを使用していたということだ。今でいえば、マイク・トラウトや大谷翔平、村上宗隆に金属バットを持たせるようなもの。当時の僕は三塁を守っていた。キューバ戦で右打者のリナレスやキンデランが打席にいるとき、ふと左を見たらショートがいた。無意識だがそれくらい下がって守っていたということだ。

リナレスは強打者であり、俊足で三塁守備の名手でもあった。グラブさばきなど本当にうまかったし、セーフティーバントをすれば確実にセーフだった。それでも僕は「ありがとう」と心の中で思っていた。普通に引っ張られてはあまりにも打球が速く、反応がついていけない。抜けてからグラブを出したことがあったほどだ。つまり、打球がほんの少し低ければ顔面を直撃していたことになる。本当に危険だった。そういう意味では、当時の投手はよくキューバを相手に投げていたと思う。まさしく命がけのマウンドだったはずだ。

五輪野球はアマチュアのもの

アトランタ五輪の出場は8カ国。4勝3敗で予選リーグを3位で突破した日本は、予選リーグで大敗したアメリカとの準決勝に今度は大勝。銀メダル以上を確定し、いよいよキューバとの決勝に臨んだ。松中さんの満塁弾を含む3本の本塁打で一度は6点差を追いついたが、最終スコアは9対13。キューバ打線に何と8本の本塁打を浴びる力負けだった。

当時の僕は、五輪野球の日本代表としては史上最年少の19歳。2本塁打を打つことはできたが「もっとできた」との思いしか残らなかった。それは杉浦さんのひと言で「もっと上を」の覚悟が固まったからでもあるし、代表チームに入ってさらに自覚が強まったのもある。

強い相手と戦い、高いレベルに身を置く。当時のアマ野球選手にとって、五輪

日本生命の練習場で汗を流す

野球は最大のモチベーションであった。僕自身もそうだったし、杉浦さんたち周りの先輩の思いにも触れていた。結果的にはアトランタはアマ選手だけで臨んだ最後の五輪野球となった。初のプロアマ混合となった2000年のシドニー五輪では、杉浦さんは日本選手団のキャプテンを務めた。すごいプレッシャーだったことは容易に想像できるが、杉浦さんにとっては野球人生の集大成だったことも分かる。

一方、僕はプロ入り後の2004年アテネ五輪に、オールプロの一員として出場した。もちろんアトランタと同じくらい、強い気持ちで臨んだことは確かだが、心のどこかに「五輪の野球は、本来はアマチュアのものなんだよな」という複雑な思いがあったのも事実だ。

アトランタからの帰国直後にあった、初めての都市対抗では若獅子賞を獲得。入社3年目の日本選手権では、惜しくも準優勝に終わったが3戦連発（4本塁打）と結果を残すことができた。

その間も、練習や大学生相手の試合などでは金属ではなく木製バットを使っていた。もっとも、それは高校時代からの習慣でもあった。ＰＬ学園は冬場のオフシーズンは誰もが合竹バットを使っていた。経験者なら分かるだろうが、芯で打たないと手が強烈にしびれる。同時に僕が練習で木製を使用したのは危険防止の意味もあった。右翼ネットの向こう側に飛び出さないようにするためだ。

杉浦さんのおかげで、日本生命での3年間は「腰掛け」ではなく、自らを磨く大切な時間を過ごせた。「あのまま18歳でプロに入らなくて良かったな」と思えたのも、段階的に1つずつ経験を積めたからこそだ。

自分を高めることができた3年間。いよいよ次の進路を決めるときが近づいていた。あのドラフト前と同じで、迷いはなかった。今度はくじ引きではなく、僕自身の逆指名で決まる。といっても、僕が『中日ドラゴンズ』と決めたのは、ずいぶん前のことだった。

逆指名は〝あうんの呼吸〟

僕にとっての2度目のドラフトは、指名はされていない。当時は大学、社会人の選手を対象にした〝逆指名制度〟があり、僕は中日を逆指名したからだ。

1998年のドラフト会議は、のちに「大豊作」との評価をされている。巨人の逆指名が上原浩治さん(大体大)、二岡智宏さん(近大)。中日が僕と岩瀬仁紀さん(NTT東海)。逆指名権はない高校球界の目玉が、甲子園春夏連覇の松坂大輔(横浜高)だった。

3年前は〝セ・リーグ志向〟だった僕が、その中からなぜ中日に絞ったのか。3つの理由がある。まずは相手があってのことなので「ぜひウチに」と言ってもらわなくては始まらない。次に高校入学前に会った、立浪さんの影響は大きかった。そして最後が〝中田さん〟の存在だ。中田宗男さん。僕の担当スカウトであり、チーフスカウトや編成部長を歴任された方である。

日本生命での３年間は、練習はもちろん、大小さまざまな大会でも、ふとスタンドを見ると必ず中田さんがいた。「オレはちゃんと見ているぞ」という姿そのものが誠意であり、逆指名へとつながった。逆指名というと、とてつもない札束が飛び交い、裏工作や果てはハニートラップに近いことまで……なんてイメージを持っている方もいるかもしれないが、実態はそんなに生臭いものではない。子どものころからあこがれていた選手がいる球団から望まれ、そこのスカウトが誰よりも熱心に見てくれた。選手としても人としてもうれしいし、安心して選べた。

しかし、中田さんも当時のことを話しているが、実は直接「ぜひ」と言葉をかけられた記憶がお互いにないのだ。それなのに、後から聞いた話では球団内部に「福留を獲得できなかったらどうするんだ？」と尋ねられた中田さんは「そのときは自分が辞めます」とまで答えていたそうだ。何となく。いつの間にか……。いや、これぞ〝あうんの呼吸〟というものなのだろう。やはり串間キャンプで走り回ったあのころから、僕とドラゴンズは青い糸で結ばれていたということだ。

というわけで事前に逆指名会見も済ませており、ドラフト当日は「やっとプロの世界に入れるんだ」という感慨に、少し浸っただけだった。

早々に星野仙一監督からは「1をつけろ」と背番号を伝えられ、秋のファン感謝イベントにも呼ばれた。見学ができるんだと思っていたら、ナゴヤドームのバックスクリーンからドアラと手をつないで入場。「何も聞いてないのに……」と心の中で訴えながら、恥ずかしいのを我慢して歩いた。なぜかすでにユニフォームもできあがっており、そこからは在名各局のテレビ番組に毎日のように出演した。あのころは本当にすさまじいスピードで時間が経過していった。こうして、いよいよ僕の職業は「プロ野球選手」となったのである。

1998年、2度目のドラフト会議直後。中日に逆指名1位で入団

第4章

中日ドラゴンズ編 _1

1999-2007

一期一会

頼むから治療に来てくれ！

　1999年2月。キャンプインとともに僕のプロ野球人生が始まった。宿泊先は沖縄県恩納村《おんなそん》のリゾートホテル。そこから15キロほど南の北谷町《ちゃたんちょう》に、一軍の使用する球場と施設があった。

　当時の記憶で残っているのは、プロのキャンプは体より心が疲れたということだ。やはりドラフト1位ということで、注目度が高い。甲子園やオリンピックなどでそれなりに「見られる」ことに慣れていたつもりだが、やはり連日となると違っていた。そして1日の流れを知らないルーキーは、右往左往してしまう。次にやることが分かっていないから「次は何だっけ？」の繰り返し。練習で体が限界に達した記憶はないけれど、メンタルの負担はそれなりにかかっていたと思う。

　そんな僕を少し離れたところから見てくれていたのだろう。心の疲れよりも僕の心に刻まれているのは星野監督の言葉である。

「どうや、慣れてきたか？」「体は大丈夫か？」。毎日のように、顔を見るたびにこう言われた。いわゆる鳴り物入りだったかもしれないが、21歳。今にして思えばまだ子どもである。見守ってくれていたのだ。

「何で連れてこんのだ！　引っ張ってでも連れてこんか！」。こんな怒声を浴びせられていたのが、トレーナー陣だった。四半世紀ほど前のプロ野球界は、今の若い選手には想像できないほどの縦社会。球団所属のトレーナーが何人もいて、治療のための部屋が用意されているのだが、順番よりも年齢や格が優先される時代だった。トレーナールームを訪れたところで、先輩がいると気を遣う。夕食の時間もあれば、若手には夜間練習もある。空くのを待っていると眠くなる。結果として体のケアがおろそかになる。

だから星野監督はトレーナーの方々を叱り飛ばしたんだと思う。星野さんだからこその目配りだった。ありがたかったし、トレーナーには申し訳なくもあった。だって「頼むから治療に来てくれ」なんて言われていたのだから……。

やっぱり無理だよね

星野監督に「引っ張ってでも連れて来い」とまで言っていただいて、僕は初めてのキャンプを何とか乗り切った。そこからオープン戦。多くの出場機会を与えてもらったが、63打数10安打で打率は・159。本塁打はなく、打点も2止まりだった。

そう簡単に打てるとは思っていなかった。「もうちょい、できるだろ」という自分はいたが「やっぱり無理だよな」という自分もいた。何が「無理」だったのか。プロの変化球だ。社会人と比べて質が上がり、同じ球種でも曲がり幅、落差が大きいと感じた。

未熟だったのだ。しかし未熟なのは「変化球がすごい」と思ったからではない。その逆である。「ストレートの質が上がっている」ことに気づかなかったからだ。プロ入り前に比べて、ストレートの質も上がっているのに変化球だけが「プロになった」と錯覚している。まずとらえるべきはストレートである。それなのに、一歩目に気づいていないのだから打てるはずがない。今なら分かること。思えばプロでの最初の壁だったのかもしれない。

それでも星野監督は僕を開幕スタメンで起用した。4月2日の広島戦（ナゴヤドーム）で、僕は「二番・ショート」で出場。その後、1万を超す打席を経験したが、最も緊張したのがその試合の初打席だった。とてつもなく大きく見えたネイサン・ミンチーから、大きなセンターフライ。「とらえた」と思ったが、緒方孝市さんは守備範囲が広い。フェンス手前で捕られ、無安打2三振のデビュー戦となった。

初安打となる二塁打が出たのは3試合目。うれしかったが「打った」というよりも「打たせてもらった」ヒットだった。というのもサインはヒットエンドラン。開幕から2試合ノーヒットの僕を見て、星野監督は「バットが出てこなくなる」と判断したのだろう。振るしかない状況へと、背中を押してくれたのだ。それが右中間への二塁打だったのは、トータルで見れば僕の打撃スタイルを象徴する結果だったのかもしれない。

初ホームランは11試合目。初ヒットとどちらがうれしかったかと問われれば、背中を押されたわけではない分だけホームランだろうか。それ以上に印象的なのは、この試合前までドラゴンズは勝ち続けたということだ。開幕11連勝。僕にとってはプロデビューからということになる。先輩たちの勢いに、僕もうまく乗っかることができた。ようやく地に足がつきかけた4月下旬、あの思い出深い事件が起こることになる。

記録なんか知るか！

開幕11連勝の勢いを保ち、快調に首位を走っていた4月28日の阪神戦（ナゴヤドーム）のことだった。僕は四球に続いて3号ホームランを放ち、さらに三塁打、二塁打と絶好調だった。まだ6回。もう1打席は回ってくる。そこで単打を打て

1999年4月4日、広島戦(@ナゴヤドーム)。7回裏に紀藤真琴からプロ初安打(右中間二塁打)を放つ

ばサイクル安打である。ところが……。

「ショート福留に代わりまして、久慈」。当時の僕には、勝っていれば守備固めで久慈照嘉さんが送られるのが逃げ切りパターンだった。記録のために「あと1打席は立たせてやるか」。そういう考えも確かにありだろう。実際、僕よりも久慈さんが島野育夫ヘッドコーチに食い下がっている。

「孝介にもう1打席、立たせなくていいんですか？　こんなんじゃ、僕が悪者みたいになっちゃうじゃないですか」


ひょっとして、記録に気づいていないのではないかと思い、参謀役の島野コーチに告げたのだ。しかし、返事は「おっさんが言うとるんや。はよ準備せい」。選手交代の権限は監督にある。だから黙ってグラウンドに出ろというわけだ。

なおも久慈さんが食い下がりかけたその瞬間、ベンチが震え上がるような怒声が響き渡った。

「記録なんか知るか！　さっさと守りにいかんか！」

おっさんの雷鳴。試合は勝ち、星野監督はそんな騒ぎなどなかったかのように、こんなコメントを残している。

「そんなチャンスはまだまだある。それよりオレに最後まで守らせてもらえるような選手になれ。チームが勝つには久慈の力が必要なんや」

僕自身はこの交代に関して、監督から説明や釈明を受けたわけではない。翌朝の記事で読んだだけである。当事者としてはいろいろな感情が混ざり合う。「何でここで代えるんだ」という反骨心と、代えられてしまう自分への情けなさ。実際、その試合でも失点につながる失策をやっているからだ。

今なら分かる。チームを預かる監督が、最優先するのはチームの勝利なのだ。いつもなら交代する場面で、記録のためにためらい、流れが変わることだってある。首位を走っていたからこそ、あのころの星野監督は日々、重圧と戦っていたのだ。それに対して選手は従うのだが、心の中まで納得してはいけない。「なにくそ」と思い、もっとうまくなる。それが戦う組織を成長させるのだと学んだ。

もっともこの思い出深い「サイクル未遂」には続きがある。翌日の第1打席で、僕はシングルヒットを放ったのだ。翌日の記事には「それは関係ありません」とすましたコメントが載っているが、実際には番記者に「2日がかりの記録達成です」と話した。首脳陣批判と受け取られてはいけないと、忖度してくれたのかもしれない。一塁に立ったときにはベンチの星野監督に視線を送ったが、向こうはこっちなんて見てもいなかった。

のちに中日と阪神で1度ずつ、サイクル安打を達成した。親しい記者さんに「あのとき、やっていたら史上最多タイの3度だった」なんて聞かされたけれど、どうなんだろう。僕はそうは考えない。「ちゃんと守れるようになってやろう」「守れなくても、外せないくらいの打者になってやろう」と思ったからこそ、2度もできたと考える。それくらい悔しさを持ったし、悔しさこそが成長の促進剤なのだと思う。

外野でお願いします

開幕11連勝からのリーグ優勝。プロ１年目に最高の経験をしたはずなのだが、その実感が僕の中には残っていない。１年間を何とか戦い抜けた。それだけ。日本シリーズでは散々だったし、華々しく「優勝しました」という誇らしさがないのだ。１３２試合に出場し、打率・２８４。16本塁打、52打点。１２１三振は当時の新人最多記録を塗り替え、リーグワーストだったが、打撃に関しては「何とかなる」「このままやっていけば」という手応えを得てシーズンを終えられた。

「何とかなる」と思えなかったのは守備だ。１年目だけで19失策。ポジション別ではショートで13、サードで4、セカンドと外野で1ずつ。「何でうまくならないんだ？」と思い続けて１年が終わった。

自信がなかったのはスローイングよりもキャッチング。送球ミスもあったが、それは捕球に精いっぱいだったことが原因だった。

守備に自信があったわけではないけれど、打ちのめされたのはあのシーズンが初めてだった。もちろん社会人時代も僕よりうまいと思った選手は何人もいたが、あそこまで悩むことはなかった。プロと社会人では打球の質が違っていたということだと思う。「いったい、どうすれば……」なんて考えるほど、上達への道が自分には見えてこなかった。


何をすればうまくなるのか。もちろん練習はした上での話である。模倣を考えたが、うまくはいかなかった。目の前にマネをする対象がいた。久慈さんである。簡単そうに打球をさばく。そのマネをしようとしても、僕にはできなかった。「簡単そう」。そう見えている、そう発想する時点で模倣できるはずがないのだ。

結局、僕の中で〝正解〟は出ずじまいだった。もしあのころの僕に戻って、星野監督に「おまえの好きなところを守らせてやる」と言われたら……。素直に「外野でお願いします」と答えるだろう。

永遠の監督、名古屋のお父さん

2018年1月4日。いや、僕がそのニュースをインターネットで見たときは、日本では日付が変わっていただろうか。ロサンゼルスでトレーニング中だった僕は、真夜中にもかかわらず、日本の知り合いに電話をかけまくっていた。

「星野仙一さん、死去」

ニュースはそう伝えていた。フェイクなのか？　そんなこと、あるはずない。無機質なスマホの画面では、ニュースの衝撃度や熱までは伝わってこない。こんなにもどかしい思いをしたことはなかった。誰かに「そんなことない」と言ってほしかったのかもしれない。

僕にとってはプロ野球で初めての監督。振り返ればたった3年間だったけれど「永遠の監督」。とにかく熱かった。ボーンヘッドや気の抜けたプレーを絶対に許

新人年の1999年にセ・リーグ制覇。
「名古屋の父」と慕う星野仙一監督にビールをかけ、喜びをわかち合う

さない。若いころの僕は、攻撃中にベンチの最前列で声を出すようにしていたけれど、味方が逆鱗に触れるようなプレーをしたことがある。次の瞬間、僕の体はベンチから浮いていた。後ろから蹴り上げられた衝撃だった。

軸はチームの勝利にあるのだが、冷たいわけでは決してない。新人の僕の疲労に気を配ってくれたり、誰かが記念の白星やヒットを打てば、高級腕時計を贈ったりしていた。ちなみに、僕はいただいたことはない。星野さんからいただいた物で、今も鹿児島の実家に飾ってあるのは直筆の色紙である。ドラフト直後に「夢」と書いた一枚をちょうだいした。

亡くなる1年前に、ホノルルの空港でお会いしたのが最後だっただろうか。やはり僕は自主トレの帰国便。出発前のラウンジに、遠くから見ても派手なテンガロンハットをかぶった人がいた。「あ！」。瞬時に背筋がピンと伸びた。

「まあ、座れ」

コーヒーを一緒に飲んで「おまえ、いくつになったんだ？」と言われて、最後に「頑張れよ」と。先に機内に乗り込んだ星野さんの背中が、まさかお別れとなるなんて……。

僕がNPBに復帰したのは2013年で、そのときは楽天の監督だった。でも「来い」とは言われなかった。電話が掛かってきて「どうするんだ？」と。「これからゆっくり決めます」と答えたら「何かあったら言ってこい」。それだけだった。

思い出の写真がある。それから何年か後に、監督から球団副会長となっていた星野さんと、甲子園の交流戦で再会した。「おう、孝介！」。握手した顔には満面の笑みが浮かんでおり、何とも心に染みる一枚なのだ。自分の記念品にはほとんど興味のない僕だが、この写真は新聞社にいただいて大切に自宅に飾っている。

人の上に立ち、人を使うのがうまい人。勝負に妥協なく、しっかりと叱れる人。それでいて情のある人。野球人としては〝永遠の監督〟であり、ユニフォームを脱いだところでは〝名古屋のお父さん〟なのである。

「打つこと」と「守ること」

２年目の打率が・２５３、３年目が・２５１。守備もどうすれば上達するかさえ分からなかったのだから、２年目にも14失策と改善するはずもない。３年目には井端弘和さんがレギュラーへと飛躍したこともあり、僕は三塁手として出場する試合が増えていた。明らかな停滞。そんなとき、僕に人生の転機が訪れた。外野へのコンバートが決まったのだ。告げられたのは山田久志ヘッドコーチから。あとになって分かったことだが、星野監督が退任し、次期監督に内部昇格することが決まっていたそうだ。チームの運営を事実上任された山田次期監督は、まず僕の外野コンバートに手をつけた。

打っても守っても中途半端。せめてどちらかだけでも考え方をシンプルにして取り組みたい。そう考えていた僕にとっては「渡りに船」というよりは「背水の陣」に近かった。この先、試合に出たければ外野しかない。逆に外野で出られなければ、僕のキャリアも終わるという覚悟。腹はくくれた。

シーズンで61試合外野を守り、全日程終了後の二軍教育リーグにも出場した。今で言う『フェニックスリーグ』、当時は『コスモスリーグ』という名称だった。外野の経験はほとんどなかったが、楽しかった。このコンバートで決定的に変わったことがある。それは自分の中で「打つこと」と「守ること」がハッキリと分かれたのだ。内野では守るのに必死で、打つことに気が回らなかった。打ってはいても、いつも守ることが心配。一緒に考えていた。ところが外野を守ると「あぁ、野球ってこんなふうに見えるんだ」と、客観的に見られるようになった。一気に気持ちが楽になった。

あれだけショートでエラーばかりしていた僕が、翌年にはゴールデングラブ賞に選ばれて、いつしか「名手」とも呼んでいただけるようになった。人生は分からない。コンバートは間違いなく大きな転機であり、同時に「守ること」とは別のはずの「打つこと」へもいい影響を及ぼすことになった。

師匠との出会い、いや再会したのも、3年目オフの『コスモスリーグ』であった。

黙って言うことを聞いてみる

シーズン終盤の外野へのコンバートを、継続、強化するために『コスモスリーグ』で試合経験を積んでいた。西武第2球場での試合後、後ろから「何や、そのバッティングは！」と声をかけられた。振り向くと佐々木恭介さんが立っていた。当時は西武のコーチを務めていたが、退団が決まっていた。荷物整理のために訪れた球場で、僕を見つけたのだ。

中日のヘッドコーチとして招かれていることは知っていた。まさに因縁。あの「ヨッシャー」のドラフトから、丸6年が経とうとしていた。学校まで足を運んでいただいた近鉄の監督。礼を尽くして断ったつもりだが、向こうからすれば大当たりだと喜んだドラフト1位が、空クジになったのだ。いろいろな思いもあっただろうが、その場は「秋になったらもう一回、やり直すわ」と言われ、別れた。

正式に就任し、指導が始まったのが浜松での秋季キャンプ。最初に言われた言葉が強烈だった。

「黙ってオレの言うことを2年間聞け。必ず年俸2億の選手にしてみせるから」

2、3年目と自分が思い描いていた打撃から遠ざかり、もうぐちゃぐちゃの状態だった。これでダメなら仕方ない。だから全てを変えてでも……。そう思っていたときの言葉だったから、僕は素直に「分かりました」とうなずいた。

佐々木さんいわく、当時の僕は「くさったバッティング」。まず言われたのは「傘を持つようにバットを持ちなさい」だった。傘を差すとき、人は自然体である。どこかに余分な力が入ることなく、スッと持つ。それをバットでもやりなさいと。そして軸足と左手の使い方。「ヒジを早く使え」「手を早く使え」と言われ続けた。「今のおまえはバットを振ってるんじゃない。体を振っているんだ。それを直すためには手をしっかり使わなアカン」

始動に行き着くのはまだ先のこと。まずは下半身の力を使い、手の早さを加えて、ということをたたき込まれた。

もちろん外野守備の練習もやった。サブグラウンドでは担当の二宮至コーチが待っており、ラインの上を真っすぐ下がる、打球も追わずにひたすらバックする、という練習をした。一般の人ならたぶん斜行してしまうだろう。それから、背後の打球を追って捕る。だが、内野手のころと比べて精神的な負担が全然違う。その分を打撃に割けたのは大きかった。

1日3000スイング。朝から日暮れまでグラウンドにいて、宿舎に帰って夜間練習。あのころの僕の手は、まるでドラえもんのようだった。朝起きると、バットを握った形で手が固まっているのだ。ぬるま湯につけて、ほぐすのが目覚めのルーティン。この話をすると「3000スイングもよくできましたね」と驚かれるが、やろうと思えば誰にでもできる。辞めるのはいつでもできると僕は考えていた。だって次の年にダメなら、もう終わりだと覚悟を決めたのだから。

人生は人との出会いとタイミングだとつくづく思う。外野へのコンバート。頭打ちの成績。佐々木さんとの再会で大きく人生が変わったのは確かだが、あれより早かったら素直に言うことを受け入れただろうか。あれより後だったら思うような成果を挙げられただろうか。２００１年秋。我ながら出会いとタイミングには、本当に恵まれていると思う。

松井秀喜さんは怪物

浜松での１日３０００スイングの荒行を乗り切って、僕は変わりつつあった。翌２００２年の春季キャンプからオープン戦へ。自信が芽生えたのは、オープン戦で全体５位の打率・３５１（57打数20安打）、６本塁打、14打点と結果を残せたことだった。「このままいけるのかな」「いやいや、まだオープン戦だから」と思いつつ、打つにこしたことはない。そして形がいいのは自分でも分かった。今までの僕とは違う何か。それを感じた打席がある。

３月21日のオリックス戦（ＧＳ神戸、現ほっともっと神戸）。そのシーズン、最優秀防御率のタイトルを獲る、左投手の金田政彦さんの内角高めへのスライダーを右中間に運んだ。内角へのボールの芯を食う。３年目までの僕にはできなかった打ち方だし、そもそも振らなかったと思う。

開幕からはあっという間の1年だった。初めてのゴールデングラブ賞。そして首位打者。結果的には巨人・松井秀喜さんの日本ラストイヤーでの三冠王の夢を、僕が阻んだことになった。最終打率は僕が・３４３で、松井さんは・３３４。１３５試合目（残り5試合）の３安打で抜く劇的な展開だった。

しかし、その直前は松井さんもそうだっただろうが、僕ものすごいプレッシャーに襲われていた。今でも記憶に残っているのが9月29日、東京ドームに乗り込んでの直接対決。ドラゴンズの先輩ピッチャーたちが、僕のために必死に松井さんを抑えてくれているのがひしひしと伝わった。その思いに「応えなきゃ」「打たなきゃ」でもう必死。そうなると「このボールを打とう」と決めているのに、手が動かなくなるのだ。

「このまま凡退を重ねるくらいなら、エンドランでも何でも出してくれないかな」

僕の思いが顔に出ていたのかもしれない。まさにあうんの呼吸というやつだ。山田監督がヒットエンドランのサインを出してくれたのだ。迷いは吹っ切れる。11打席ぶりの安打が出て、何とか気持ちが楽になった。思えばプロ初安打もベンチが見かねたヒットエンドラン。本当に助けられ、支えられていたのだとつくづく思う。

背中を押してくれたのはベンチだけではなかった。その試合前。ビジターチームである僕たちの打撃練習が終わったタイミングで、巨人にいた清原和博さんにあいさつする時間があった。すると、PL学園の大先輩は僕にこう言った。

「おまえ、首位打者獲りたいんか？」

僕がうなずくと、さらに言葉を続けた。

「松井は怪物や。あいつには勝たれへんぞ。あいつに勝ちたいんなら、やれることは何でもやれ。頑張れよ」

確かに松井さんは怪物だった。本塁打と打点の二冠。昨シーズン(2022年)、ヤクルトの村上宗隆が令和の三冠王に向けて打ちまくっていたころ、三冠を阻止した選手として僕が紹介されることが何度もあった。20年が経っても話題になるのは松井さんのすごさでもあるが、タイトルを獲るのと、あと一歩で逃すのとでは人生は大きく変わるのだとしみじみ思う。

タイトルには執着した僕だが、記念品には本当に興味がない。うれしい初タイトルのトロフィー類などは行方不明。獲ったらもういいという考えだ。しかし、それ以上の〝宝物〟は大切に持っている。その年の日米野球でのこと。メジャー挑戦が確実視されていた松井さんのところへ、あいさつに行った。

「いやあ、負けたよ」と松井さん。さすがは怪物であり、大物だ。そこで僕は自分のバットを差し出して、おねだりした。

「松井さんに何とか勝てたので、申し訳ないんですが僕がシーズンで使ったこのバットに、サインをいただけないでしょうか？」

快く書いてくださったバットは、今も自宅に飾っている。

選球眼の正体

松井さんとの激闘を何とか制し、初めてのタイトルを獲得するまでの過程で、僕が強く意識したのは〝安打〟よりも〝四球〟だった。ご自身も1978年に首位打者のタイトルを獲っている佐々木コーチに、口酸っぱく言われたことがある。

「毎日、毎試合打てるわけじゃないぞ。打てない日もある。でも、そんな日を4－0じゃなく3－0に、3－0じゃなく2－0にしてこい」

首位打者のタイトルは打率で決まる。打率は安打数÷打数の割り算だ。安打が増えればベストだが、分母である打数を減らせば打率は上がる。つまり、佐々木コーチは四球の重要性を教えてくれたのだ。

打ちたいと思う気持ちが強過ぎると、ついボール球でも強引に振ってしまう。「打てる球を打つ」が打撃の大原則。その「打てる球」を見極めるためには選球眼が必要だ。

すでに書いたように、ルーキーイヤーの僕は三振王だった。そのわずか3年後に56四球を選び、首位打者を獲得した。実は前年のオフからの打撃改造で、ボールの見え方がハッキリと変わっていた。

打席での余裕というか、メンタル面も無関係ではなかっただろうが、打席でボールを見る感覚が明らかにそれまでの僕とは違っていた。打ちに行く瞬間に、自分の枠からボールが外れる。だからバットが止まる。それまでは枠そのものが曖《あい》昧《まい》だった上に、来たボールを漠然と打っていた。あるエース級の投手が得意とするスライダーがあったとする。何度か対戦を重ねれば、ある程度は軌道は頭に入る。自分の枠から外れればボール、入っていればストライク。それを打席ギリギリではなく、投手寄りで判断することが可能になった。誰かにこの感覚を教え、伝えるのは難しいが、これこそが選球眼の正体だと思う。

プロ野球中継を見ていると、よく「なんでこんなボール球を振るんだ？」と思うだろう。それが若い選手なら、僕は「1打席、1球ならいい。誰にでもあることだ」と考える。しかし「2球、3球と続けるな」とは言いたい。同じボールにいつまでも引っかかっているうちは、満足な数字は残せない。バットを放り投げてでも止めるくらいの極端な意識を持たないと、自分を変えることはできない。

あのシーズンに獲得した〝選球眼〟は、野球をやめるまで僕を助けてくれた。最高出塁率のタイトルを、3度（2003、2005、2006年）も獲得できたし、NPB通算で打点(1078)、得点(1040)、四球(1009)の「トリプルサウザンド」を達成することができた。これらは自分でも誇らしく思っているが、土台となっているのはあの年に覚えた〝選球眼〟である。

おしゃれな仁村薫さん

僕の野球人生において、大きな転機となった2002年。僕はオールスターゲームが明けた後半戦から、酒を断って戦っていた。願掛けというのだろうか。「何か大切なものを手に入れたいのなら、ほかの好きなものをあきらめよう」と考えての行動だった。
それまでの３年間は、タイトルどころか納得できる数字を残せていなかったのにこの年は、シーズン折り返し時点でハッキリとタイトルを意識していたということだ。僕にとってお酒はオンとオフを切り替え、リラックスするために必要なものだった。もちろん、野球に影響したり、周囲に迷惑をかけるような飲み方はしたことはないが、適度に楽しむためのアイテムだ。好きな酒を断ち、自分は首位打者になる。人生初、いや一度きりの断酒生活は３カ月ほど続いて成就した。

「解禁日」は今も記憶に残っている。巨人の最終戦。松井さんが４打数４安打なら、逆転という状況だった。１試合だけ残していた中日は試合のない休日だった。トレーニングコーチだった仁村薫さん、チームメイトの荒木雅博、知人の方と４人で食事をしていた。巨人戦、いや松井さんの結果は気になるけれど、皆さんとの食事の席だし、終わるまでは見ないと決めていた。途中、仁村さんが席を立った。「トイレかな？」と思いながら、荒木としゃべっていたら、戻ってきた仁村さんの手にはシャンパンボトルが握られていた。

「孝介、おめでとう！」

ああ、試合が終わったんだ。僕は首位打者になったんだ。3カ月ぶりのアルコールは、五臓六腑に染み渡った。ほんの少し飲んだだけでクラクラとしたけれど、本当においしいお酒だった。

オレ流時代の幕開け

2003年9月、僕を一人前に育ててくださった山田監督が、成績不振の責任を取り途中休養した。代行監督を務めた佐々木ヘッドコーチも、シーズン終了とともに退団。お世話になった2人との別れの感傷に浸る間もなく、後任監督は落合博満さんに決まった。

言わずと知れた三冠王3度の大打者は、監督としても個性的だった。「右の四番打者をつくる」、「補強はやらない。現有戦力の10パーセントの底上げで優勝できる」、「2月1日のキャンプ初日に紅白戦をやる」。矢継ぎ早にスポーツ新聞の見出しになるような改革をぶち上げていった。ここからチームは8年間、僕は4年間に及ぶ〝オレ流時代〟の幕開けである。

意外に思うかもしれないが、僕たち選手に打撃理論を語ることはなかった。でも、何気ない会話の、ふとしたひと言が重かった。

「打つ瞬間だけバットをグッと握って、当たる瞬間にボールに負けないだけの力があれば打てる。飛ぶだろ」

ああ、なるほど。打つ瞬間だけに100の力を伝えられれば……。確かに正論である。同時に極論だった。それができればすごい。実際、現役を引退して何年も経つのに、軽く振って、こなす姿も見た。だけど「こう打て」とは絶対に言わなかった。「それができればみんなやってるだろ」と。

僕にとってキャリアベストは2006年だったと思う。僕が2度目の首位打者と最高出塁率、タイロン・ウッズが本塁打王と打点王、川上憲伸さんが最多勝、最多奪三振、最高勝率（当時は最優秀投手）、岩瀬仁紀さんが最多セーブと、主力選手で主要タイトルのほとんどを独占した。チームも2年ぶりにペナントを奪還。僕はリーグ最優秀選手にも選出された。絶頂期。それでも何かが足りないと思った。「もっとうまくなりたい」と欲した。打撃のもっと奥深くが、今ならつかめそうな気がした。悩みではないが、そんな思いを落合監督に伝えると、指導ではなくこう言われた。「それならあいつを見ろ」。それが僕にとって、2度目の打撃改造のスタートとなった。

前田智徳を見ろ

キャリア絶頂期にあった2006年の僕は、さらなる高みを目指そうとしていた。「こんな打撃をしたい」。落合監督に話すと、こう返ってきた。

「だったら前田を見ろ」

広島の前田智徳さん。僕にも異論はなかった。目指していたのはシンプルな打法。そのためには極力、無駄な動きをそぎ落とさなければならない。それができているのは前田さんだけだという認識で、落合監督と僕は一致していた。

ナゴヤドームで試合があるときは、自分たちの練習が終わればビジターチームの打撃が始まる。本来なら試合に備えてミーティングや休息に充てる時間だが、広島戦に限ってはホームベースの真後ろにあるスコアラー席が僕の指定席となった。前田さんを観察するためだった。

今は他球団の選手との間に垣根はなく、合同自主トレが当たり前の時代である。それも少し前までは母校の先輩、後輩やよく知っている選手に仲介を頼んでいたが、今やSNSでいきなりアタック。ダイレクトメッセージを受け取ったほうも「いいよ」と即答する時代である。

当時はまだ、他球団の先輩に気軽に「教えてください」なんて言える雰囲気はなかった。ましてや前田さんといえば「孤高の天才」と呼ばれ、人を寄せ付けない空気を身にまとっていた。高校（熊本工）の後輩である荒木があいさつに行っても「おお」で終わり。そんな光景を見ていたので、とても「教えてください」なんて言えなかった。

僕の現役時代に覚えている会話は一度だけ。シーズンオフだったと思う。公式戦で見せる厳しい顔ではなく、笑顔で立浪さんと大好きなゴルフ談義に花を咲かせていた。そこに僕が「勉強させていただいています」と何とかひと言。それを聞いた前田さんは「オレのマネなんかしても絶対打てないよ」。引退して解説者となってからもそうだが、あの前田さんが本当はこんなにしゃべることがあるんだ……。少し笑ったり、話したりしただけで覚えているくらい、修行僧のような近寄りがたさがあった。

ただし、僕はこういった事情を抜きにしても、いきなり「教わる」より自分で「見て」、「考える」ほうが、行き着くまでの時間が違うと思っている。それこそ僕は前田さんのティー打撃から食い入るように観察したし、なぜこう体が動くのかを必死に考えた。本人に直接教わるよりも、実は近道。シンプルイズベストと簡単に言うが、そのシンプルこそが奥義なのだ。

僕が自分の目で見た左打者の中では最高の選手。松井さんやイチローさんのすごさとはまた違う。メジャーに行ってからもジョー・マウアー（ツインズ）、ライアン・ハワード（フィリーズ）といった左打者は本当にすごかったが、やはり僕の中では前田さん。じゃあ「右は誰なのか？」と問われたら、答えは「考えたことがない」となる。例えば写真や映像なら反転させて「左打者」のように見せることは簡単だろうが、走る方向が違うのだから参考にはできない。もし野球が「左打者は三塁に向かって走る」というルールなら、優れた右打者も観察の対象にしただろう。

僕の持論は「指導者も左、右それぞれがいたほうがいい」。最後の細かな感覚で、右は左に、左は右に教えづらいと思う。右打者の右方向への打撃と、左打者の左方向への打撃は同じ形ではない。だから僕は同じ左打者を観察したし、中でも最高の教材が前田さんだったのだ。

僕は名馬にはなれなかった

われながら日本シリーズには本当に縁が無かったなと思う。いきなり1年目にリーグ優勝したのに続き、2006年、2014年（阪神）と3度出場した。いずれも敗退し、計15試合で打率は・170(53打数9安打)、1本塁打、4打点。全くいいところがなかった。

「中日ではもっと優勝していたのでは?」と思う方もいるだろうが、それこそ縁がなかったのだ。落合監督の下、2004年に自身2度目の優勝をしたが、僕は9月1日の阪神戦（ナゴヤドーム）で、下柳剛さんから死球を受け、左手人差し指を骨折して以降の試合を欠場した。

ドラゴンズが優勝は逃したものの、導入初年度のクライマックスシリーズを勝ち上がって日本シリーズに出場した2007年も、僕は欠場している。7月15日の阪神戦（甲子園）で、三塁に全力送球した際に右ヒジを痛め、8月に渡米して手術を受けたからだ。死球は下柳さんのせいではなく、僕の技術の無さが招いた骨折だ。あそこでムキになって打ちに行った自分が、本当に情けなかった。避けるのも技術。大きなケガにならないように当たるのも技術。自分が未熟でさえなければ、防げた骨折だと思っている。

右ヒジもそう。もう少し自分の体と向き合うべきだったと反省している。ヒジが張っていたのに、大丈夫、大丈夫と甘く考えていた。あの試合では送球でアウトにしたのだが、その瞬間、離脱を覚悟した。いわゆるヒジが飛んだという状態で、みるみるうちに腫れ上がり、動かせなくなった。当時は30歳。あのケガがきっかけで、体を気遣うようにはなったが、もっと前からきちんとケアをしていれば、あんなことにはならなかったのかなと今でも悔やんでいる。

無事これ名馬という格言がある。少しくらい能力が劣る馬であっても、病気やケガをせずに走り続ける馬こそが名馬であるという意味だ。そういう意味では45歳まで現役でいることはできたが、僕は「名馬」にはなれなかった。ケガをしてしまっては、グラウンドで自分が名馬だと証明はできない。自分が磨いてきた技術、積み上げてきた練習が無駄になってしまうのだ。

第1希望は残留……だった

2007年。右ヒジの手術を受け、リハビリ中だった僕に、決断の日が近づきつつあった。この年から導入された故障者特例措置の恩恵も受け、FA権を取得。ここから数カ月で、自分でも予想すらしていなかったような展開を迎える。

ドラゴンズ残留。それは僕の第1希望というよりも、そうなるものだと思っていた。代理人がいるわけでもなく、所属球団と交渉。それが人生激変のスタートだった。

球団の提示条件は4年16億円。もちろん大金なのは承知している。しかし、当時の僕は30歳。キャリアの絶頂期であり、年俸も3億8500万円だった。つまり、昇給は1500万円。そして球団からはこうも伝えられた。

「うちはこれ以上は交渉しないから」

余地がないということだ。驚いた。自分に対する期待値はこんなものなのかと知った。僕には「どうせ残るんでしょ」というニュアンスに聞こえた。実際、それは否定しない。自分が望んで入ったドラゴンズで、最後までプレーするのだと思っていた。移籍する気持ちなどまったくなかった僕が変わったのは、あの日の交渉の席である。

僕に限らず、選手にとってFA権は「自分が頑張ってきたからこそ得られた権利」という思いがあるものだ。FA宣言。その瞬間から「自分の価値を問いたい」「周りがつけた価値。それだけに従おう」と決めた。

巨人、阪神が手を挙げてくれた。巨人は6年契約を提示。額も違った。この時点で評価が一番低かったのが中日。「これ以上、交渉しない」と言ったのはドラゴンズなのだから、残留の目はなくなった。

ここでもまだ、翌年に自分がメジャー・リーグでプレーしているなんて、これっぽっちも思っていなかった。しかし、契約を結んだ代理人から報告が来た。途中経過は一切聞かず、出そろうまで僕は関わらなかった。3、4球団。宣言するときに決めた「周りがつけた価値」。それが最も高かったシカゴ・カブスへの入団を決断した。

宣言から1カ月あまり。僕はシカゴの街に立ち、カブスの本拠地で入団会見に臨んでいた。

第5章

MLB編

2008-2012

シカゴ・カブス－クリーブランド・インディアンス－シカゴ・ホワイトソックス－ニューヨーク・ヤンキースＡＡＡ級スクラントン

見て、感じて、学ぶ

偶然だぞ？

クリスマスも近い12月19日に、カブスの本拠地であるリグレー・フィールドで、僕は入団会見を行なった。4年総額4800万ドル、当時のレートで換算すれば約53億円という大型契約だった。背番号は中日時代と同じ1番を提示され、僕はカブスの一員になった。

イリノイ州シカゴ。五大湖のひとつであるミシガン湖に面し、巨大ビルが建ち並ぶアメリカ有数の大都市である。冬場は湖面が凍結するほどの寒さだが、野球シーズンの夏場の気候は本当に快適。湿度が低く、実に過ごしやすい街だった。

リグレー・フィールドもすごく魅力的。現在は鈴木誠也がカブスに所属しているので、日本のファンが試合を見る機会も多いと思うが、外野フェンスを蔦が覆っている。そのフェンスもレンガ製。夏場になると蔦が伸びてきて、手を突っ込むと痛いほど。ちなみに打球が蔦に入り込み、外野手が両手を挙げてアピールするとエンタイトル二塁打になる。

吉田正尚が所属するボストン・レッドソックスの本拠地、フェンウェイ・パークに次ぐ歴史を持つ。開場した１９１４年は、日本では大正3年にあたり、世界では第一次大戦が始まっている。そして、メジャー・リーグでも最も多くのデーゲームを主催する球団、球場としても有名だ。理由は当時のオーナーが「野球は太陽の下でやるものだ」という考えだったからだとも、球場周辺が高級住宅地だからだとも言われている。そもそも照明施設ができたのが１９８８年。僕がプレーしたころも、平日でもデーゲームが当たり前だった。

それが苦だと思ったことはない。選手としても早寝早起きのリズムは得意だったし、当時は父親となり、試合から帰って子どもと過ごす時間を取れてむしろ楽しかった。

メジャー・リーグデビューもその本拠地だった。２００８年3月31日のブリュワーズ戦に「五番・右翼」で先発。第1打席の初球を二塁打にした。9回にはその5年前にサイ・ヤング賞を受賞したエリック・ガニエから同点3ラン。スタンディングオベーションに応えているとき、スタンドではボードが揺れていた。

そこに書かれていたのは日本語で「偶然だぞ」。どういうことなのか、さっぱり分からなかったので、その場で通訳に聞いた。

「It's gonna happen」。カブスファンなら誰もが知る常套句で、直訳すると「何かが起こるぞ」。それを翻訳ソフトに打ち込むと、当時は「偶然だぞ」と出たらしい。そんな説明をされた。ボードを掲げている人たちは誤訳だとは分からない。僕に伝えたくてやってくれたこと。まさしく「偶然」が起こしてくれた不思議な体験だった。

自己分析とアメリカ野球の環境

カブス1年目は華々しいスタートを切り、オールスターにもファン投票で選出。

ところが夏場以降に成績は急降下し、最終的に出場機会（１５０試合、５９０打席）は与えられたが、打率・２５７、10本塁打、58打点と大型契約に見合う数字は残せなかった。２年目（１４６試合、打率・２５９、11本塁打、54打点）、３年目（１３０試合、打率・２６３、13本塁打、44打点）も同じように、春先はいいのだが、尻すぼみになってしまう。出場試合も3年目には大きく減少し、ついに規定打席に到達できなかった。

4年目の7月にはクリーブランド・インディアンス（現ガーディアンズ）にトレードで放出され、5年目の２０１２年はシカゴ・ホワイトソックスと契約。故障したこともあり、6月には自由契約となって、7月にニューヨーク・ヤンキースとマイナー契約を結んだ。

こうしてメジャー・リーグでの僕の野球は5年で幕を閉じる。3球団で計５９６試合に出場し、打率・２５８、42本塁打、１９５打点という成績。この機会に、自己分析とアメリカ野球の環境を伝えたい。

成績については僕の力が足りないというのが大前提だが、開幕からしばらくは打てて、尻すぼみになるという流れを繰り返した理由は体力面ではない。1、2年目は練習しようと思っても、必ずチームに止められた。ランニング、ティー打撃、自分で確認したいと思い立ったこと……。そうした時間を、自分が思うようには確保させてはくれないのだ。チームや監督の方針にもよるのかもしれないが「そんなに練習したら、試合で100％のパフォーマンスを発揮できないじゃないか」という考え方だ。

やる、やらないは選手の自由、裁量にゆだねられるのならいいのだが「そんなことをやる必要はない」。みんなが見ているところではできなかったのは、僕にとってストレスだった。試合でやるために休め。自分がやってきた環境とは全く違い、受け入れるのは難しかった。

渡米からしばらくして、バットの素材もメーカーも変更した。日本ではアオダモのバットを愛用していたが、変更せざるを得なかった。すでに国内では原木不足で確保に支障が出ていた時期でもあり、発注、製作、空輸のサイクルを待っていてはとても供給が追いつかなかった。そこで北米産のメイプル素材で、現地に工場があるメーカーに変更した。当初はすごく違和感があったが、選択肢がそれしかなかったのだ。

移動はメジャー・リーグでは快適そのものだった。まず試合終了後に「何時に飛ぶよ」とアナウンスがあって、時間を待つ必要がない。メンバーがそろったら移動。そのまま空港に向かうか、バスに乗るか。プライベートジェットの専用スペースがあり、そこに横付けしてセキュリティーチェックを済ませるとテイクオフ。西地区から東地区への移動は時差調整が大変だったが、シカゴは中地区なのでどちらに飛んでも比較的楽だった。

球場の芝は日照時間や温暖な気候と関係があるのか、西のほうが短く刈りそろえられている。中地区から東地区は非常に深く、くるぶしが埋まりそうなくらい。だから打球もよく動いていた。

マイナー・リーガーの原動力

2012年にニューヨーク・ヤンキース傘下のAAA級スクラントンでプレーしたが、マイナー・リーグは何もかもがメジャーとは雲泥の差だった。

移動は10時間だろうがバス。飛行機に乗ることもあるがチャーターではなく、試合当日の開始直前に現地へ着くこともあった。着替えて、練習もせずにプレーボール。そういう生活をしていれば、誰だってメジャー・リーグを夢見る。嫌でもハングリー精神が宿る。

あの経験を、僕は2度としたくはないけれど、挫折だと思ってもいない。仮に若いころだったらすごく勉強になっただろうし、あの年齢でも「もっと早い時間から練習したい」と思えた。そして日本の環境がいかに恵まれているかを学べたからだ。

日本の二軍の選手が野球用具が無くて、困っているのを見たことはない。キャンプが終わったときに、同じ国出身のメジャー・リーガーに近寄って「道具をください」と頼むのも見たことがない。日本では何の実績もない若手でも、メーカーから供給される。彼らは違う。破れた革手袋、穴の空いたスパイクを持ち帰り、ずっと使う。それがチャーター機で移動する待遇へと這い上がる原動力となる。それを見て、感じて、学べた貴重な経験だった。

ドライか人情か

中日、カブス、インディアンス、ホワイトソックス、ヤンキースのマイナー、阪神、そして中日。僕の野球人生の中で、僕自身が選択したと言えるのは最初の中日とカブス、阪神ということになる。

ここで日米の契約に関する考え方を比較したい。僕がカブスと結んだ大型契約には〝ノートレード条項〟が含まれていた。特別なものではなく、ごく一般的な条項で、要は「行きたくない球団には勝手にトレードされることはない権利」である。
およそ半数の球団の中に、クリーブランドも入っていた。しかし、拒否権を外し、全球団ＯＫにした。理由は出場機会を求めて、である。こうした交渉を所属球団とやってくれるのが代理人だ。クリーブランド以降の移籍、退団は日本流でいえば戦力外とされるところだが、アメリカではすべて〝リリース〟。それも代理人から聞かされる。自分が答えるのは「チャンスがあれば」。次の球団を少しでもいい条件で見つけてくるのも代理人の仕事である。

日本にも代理人制度はあるが、アメリカほど「当たり前」ではない。代理人がいなければ、球団との契約交渉も自分でやることになる。シーズンオフに交渉し、更改すれば記者会見するシーンをニュースや記事で見ると思う。もちろんアメリカではあんなことは一切ない。

どちらがいいか。個人差はあると思う。日本流だと「地元の選手だから」とか

「期待値」など人情が入る。そろそろダメかなと思うときには空気で察する。それはそれで「あり」だろうが、交渉に費やす時間が余分だなと思うこともあった。昔とは違ってCSなどでシーズンオフが短くなっている上に、キャンプ序盤は体力作りなんて悠長なことは許されない。心身ともにリラックスさせることを考えれば、契約交渉にエネルギーを費やしている場合ではない。

僕は性格的に球団の偉い方にも言いたいことを言っていたけれど、そもそも交渉が苦手、明らかに不向きな選手はたくさんいる。

アメリカはとにかくドライ。AAA、AAといった傘下のマイナーチームに、どんな有望な選手がいるかなどの情報はほとんど入ってこないから、事前に空気で察したりはしない。ある日突然。しかし、悪ければ居場所が無くなる世界だと初めから分かっているので、嫌だとは思わなかった。

アメリカは１人の代理人が複数、大勢の選手を顧客にできるけれど、日本では１人の弁護士に対して選手も１人。ドライか、人情か。一長一短だとは思う。

鈴木誠也に思うこと

僕が所属したカブスでは、鈴木誠也がプレーしている。僕と大きく違うのは、誠也は「行きたくて行った」ということ。もちろん、僕もいやいやメジャー・リーグに行ったわけではないのだが、誠也は若いころから明確にメジャー・リーグを意識し、日本でプレーしてきた。ＦＡの資格を取り、実際にオファーが来るまでメジャーでのプレーを想像したこともなかった僕とは、やはり違う。

同じ球団と契約したということで、僕のころからいる日本人スタッフには「誠也をよろしくね」と連絡した。僕の妻もシカゴで暮らしたので、家族も含めて街の様子、生活の工夫などは伝えられる。もちろんカブスと誠也の試合はいつも注意して追っている。

本人は現状を物足りないと考えていることだろう。「もっとできる」「もっとやれる」と。だから年々、肉体は大きくなっているし、本人がより成長するための通過点だと考えていることがよく分かる。そんな誠也に限らず、日本人メジャー・リーガーが勝負できているのは何ら不思議なことではない。彼らは自分が求めてきた道を、着実に進んでいるのだから。

演出は日本より進んでいる

よく北米４大スポーツと呼ばれる。ＭＬＢ（野球）、ＮＢＡ（バスケットボール）、ＮＨＬ（アイスホッケー）、ＮＦＬ（アメリカンフットボール）である。大都市シカゴには、その４大スポーツ全てのチームがあった。

ＮＢＡは日本でも有名なブルズ、ＮＨＬはブラックホークス、そしてＮＦＬはベアーズ。野球はカブスとホワイトソックスの２球団なので、計５チームの試合をほぼ年中楽しめることになる。

シカゴ在住の間に、すべての競技（もちろん野球以外）の試合を生観戦した。

ブルズとブラックホークスはカブスのチームメイトとＶＩＰ席で観戦し、アメリカンフットボールはフロリダで見た。

最も迫力を感じたのはアイスホッケー。人と人がぶつかり合ったときに、こんなに音がするんだ、と驚いた。まさしく氷上の格闘技。一方で「もう一度見たい」と思うのはバスケットボールだ。やはりボールが大きい分、素人が見ても何が起こっているのかが分かりやすい。家族との観戦向きである。

競技の迫力はもちろんだが、会場全体を盛り上げる手法はアメリカは本当に巧み。観客の側も盛り上がろうとする国民性はあるとは思うが、演出は抜群だ。音響、照明、ダンス、パフォーマンス。観客が盛り上がるための演出は、どう見ても日本より進んでいる。日本のスポーツ界もどんどん取り入れてほしい。

第6章

阪神タイガース編

2013-2020

伝統と情熱と

小さいものを大きくはできない

ヤンキースに昇格することなく、AAA級スクラントンで2012年シーズン全日程を終えたことで、僕の気持ちは「日本復帰」で固まった。決めてしまえば進むのみなのが僕の性格。DeNAとともに熱心に誘ってくれたのが阪神だった。最後の決め手は金銭条件ではなく、高校から社会人時代になじみのある関西という地理的な要因もあった。

ところが移籍1年目は出場わずか63試合、打率・198と大きく期待を裏切る結果となった。なぜ思うような数字を残せなかったのか。自分なりに答えというか、考えた結論は「大きいものを小さくすることはできるけれど、小さいものを大きくすることはできなかった」となる。フォームやタイミングの話だが、渡米したときに小さくしていた。その理由は球が速い、動くという前に、アメリカの投手のフォームにある。日米の違いとして、投手がセットポジションでしっかりと静止しないとボークを取るのが日本で、緩いのがアメリカ。来日した投手がボークを取られ、非常に不服そうな表情をしているのはそのためだ。
だからメジャー・リーグでは早く構えて待っておかないと、立ち後れてしまう。しかし、小さくしたまま日本でプレーすると、今度は時間が余ってしまう。野球とは「間のスポーツ」だと思っているから、ほんのわずかな時間でも、つぶそうと思うと苦労する。試行錯誤しているうちにフォームを崩してしまったのだ。

そこに追い打ちをかけたのが左ヒザの故障だった。ここでも日米のささいな違いに適応し損ねた。当時の日本の球場は、まだ打席内がすごく掘れていた。渡米後は硬くてスパイクの刃が刺さらないから、フワッと土の上に足を置いていた。国内復帰すると足がどんどん潜って、土を噛む。その状態で目いっぱい回転したときに確かに「プチッ」という音が聞こえた。半月板が欠けてしまい、5月に手術。復帰は8月。取り戻す間もないまま、阪神での1年目を終えてしまった。

『阪神園芸』はプロフェッショナル

アメリカから6年ぶりに日本へ。熱心にオファーしてくれたのはDeNAと阪神だったこと、決め手は契約内容より地理的要因があったことを書いたが、それ以上に大きかったのは甲子園というホームグラウンドである。

外壁を蔦が覆い、プロ野球よりもはるかに歴史が古く、2024年で100周年を迎える。野球をやっている者なら例外なくあこがれる聖地だが、僕の決定を左右したのは蔦や歴史ではなく地面にあった。

外野が天然芝で内野は土の甲子園に対して、横浜スタジアムは全面人工芝。天然芝が大前提のアメリカでプレーしていた僕は、シーズンの半分をプレーするフランチャイズ球場が人工芝の球団でプレーする自信がなかった。

それほどまでに体への負担は違う。そして在籍したことで知ったのが『阪神園芸』のグラウンドキーパーさんの情熱と技術だった。毎日、毎日、あの広大な球場を歩いて確かめ、芝生の間に生える雑草を抜き、絶妙のタイミングで絶妙の長さに芝生を刈り取る。芝生というのは年中、均等に伸びるわけではない。雨量や気温、日照時間などを経験に基づいて判断。まさしく「土と芝生のプロフェッショナル集団」だった。

内野の土部分もさすがに球児に明け渡す春夏の甲子園大会後はやわらかくなるが、タイガースの選手の要望にも応えて、年々硬くしてくれた。僕も何年かプレーしていると、グラウンドに足を一歩踏み入れただけで芝生をどれくらい刈ったか分かるようになった。選手は短めを好むが、刈り過ぎると芝生は枯れる。選手とも土や芝生ともコミュニケーションを取れなければ務まらない仕事なのだ。選手も自分の体と向き合い、コンディションを保つ努力をするが、グラウンドキーパーさんも同じコンディションを〝保つ〟ことがどれほど難しく、どれほどの労力を注ぎ込んでいるかを目の当たりにした。

こうした情熱も技術も先輩から後輩へと受け継がれており、たとえコストはドーム球場の何倍もかかろうとも、いわば野球という文化の担い手なのだ。

一方で甲子園名物といえばヤジ。とりわけ僕が守った外野席のファンは筋金入りで、打てなかったときの辛辣なヤジから、プッと吹き出すような笑えるヤジまでよく飛んできた。素知らぬ顔で守ってはいるが、しっかり聞こえているものなのだ。僕は中日時代から相性が良く、不愉快な思いをした記憶はない。手厳しくても「それも声援」だと考えていたし、何よりも野球を愛する人の声なのだから、ヤジも野球という文化の一部だと思う。

3人の監督たち

阪神での8年間は、3人の監督の下でプレーした。

まずは入団した2013年から3シーズンが和田豊さん。物静かで口数が多い人ではなかったが、内野手出身らしく全体的な動きを見たり、細かな作戦を立てるのがうまかった。何よりも本当に我慢してもらった。帰国して期待されながら、調子は良くない、状態も悪いという中でも、変わらず信頼して起用してくれた。周囲にもすごく気を遣ってもらった。あのままキャリアを終わらずに復活できたのは、和田さんが我慢してくれたからこそ。阪神という独特のプレッシャーがのしかかる老舗球団で、ファンやＯＢからの厳しい意見もあったと思う。それを受け止め、守ってくれたことにすごく感謝している。

２０１６年からの３シーズンは金本知憲さん。選手としての実績は超一流だが、決してエリート街道を歩んできたわけではない。自身が苦労して猛練習でレギュラーをつかみ、グラウンドに立ち続けた。だから自分がやってきたことをすごく信じてやる監督だった。チームを改革しよう、若手の底上げをしっかりやって変えていこうとした。

最後の2年間は矢野燿大さん。若い世代に合っているというか、理解に努めた監督だったと思う。ハッキリしているのは、いわゆる「昔の指導法」では8割の選手はついてはこないということだ。

ああ、持ってない

金本監督だった2016年は、僕にとって大きな出来事があった。6月25日の広島戦（マツダ広島）で、日米通算2000安打を達成したのだ。

本音を言えば何としても甲子園で決めたかった。あと2本届かず家族とともども広島遠征に。自分の中では「いつか打てるもの」と気にもしていなかったのに、だんだんと近づいてくると思うようにヒットが出なくなった。極度に緊張したり、重圧がのしかかったりしたわけではなかったのだが、どこかに余分な力が入っていたのだろう。やはり野球はメンタルが重要だと再認識した。

だから打った瞬間はホッとしたのと、われながら「中途半端だな」と思ったのが半分ずつ。というのも自分の中で描いていたイメージは二塁打だったのに、実際には内野安打だったから。「ああ、持ってないな……」と。

2016年６月25日、広島戦（@マツダ広島）。
６回表に岡田明文から二塁内野安打を放ち、日米通算2000安打を達成

Joshin
Joshin

そのオフだった。金本監督にキャプテン就任を打診されたのは。当時のキャプテンの「鳥谷（敬）の肩の荷を少し下ろしてやりたい」という理由だった。

鳥谷は前年の打率・281から・236に急降下。「肩の荷を下ろした」翌2017年は打率・293にＶ字回復したから、金本監督の狙いどおりだったわけだが、実際には鳥谷はキャプテンの肩書きが重くて打率が下がったわけでも、肩書きがなくなったから打率が戻ったわけでもないと思う。金本監督だって、本当にそう考えたのではなく、何とか鳥谷に復活してもらいたく、やってやれることは何でもやろうという気遣いの1つだったと思っている。

ユニフォームにキャプテンを表す〝Ｃマーク〟を2シーズンつけた。いわばそれだけのことなのだ。選手としての自分がやるべきことは変わらないし、プロ野球は大人の集団だ。キャプテンに依存するわけではない。その肩書きがなくともチーム最年長だったから、それなりにまとめ役はやっていたつもりだ。

伝統ある老舗球団で、生え抜き以外の選手がキャプテンを務めたのは初めてとのことだった。そんなこともあり、注目はされたが僕にとってはそれ以上でもそれ以下でもなかった。

巨人戦は特別か

僕が日本でプレーした中日と阪神のファンには共通点があると聞いたことがある。それはどちらのファンも「打倒巨人」より「打倒読売」と言いたがること。なるほど、中日は親会社が同じ新聞社で、阪神は東京へのライバル心が強烈だ。

とりわけ阪神は巨人戦を『伝統の一戦』と銘打ち、マスコミも対決ムードをあおり立てる。しかし、周囲が思っているように選手は意識していないし、僕の中で中日時代と阪神時代に温度差はなかった。

それでも巨人が「特別な球団」だと思うのは、僕にとって最初の監督が星野さんだからである。長嶋茂雄さん、王貞治さん。昭和の野球のヒーローはほとんどが巨人軍だし、テレビ中継も圧倒的に巨人戦。それを倒して「一旗揚げてやろう」「全国に名を売ってやろう」というのがセ・リーグの選手たちだったという図式はよく理解できる。

僕は巨人戦での星野さんの気合、闘争心……いや、殺気を見て育った。打倒・巨人への執念を植え付けられ、たたき込まれ、洗脳されたのだ。

実際、当時は巨人戦となれば球団の査定もアップ。打っても抑えても年俸となって自分たちに跳ね返ってきた。今の選手たちは巨人だけが特別だなんて考えていないだろうし、どこに勝とうと１勝は１勝である。それでも、あの緊張感はすごかった。「何としても巨人に勝て！」。そう育てられたのは僕たちが最後の世代だと思うが、スポーツにおいて宿命のライバルの存在は自分たちを強くしてくれる。だから、いい経験を積んだと思っている。

コロナ禍でのプレゼント

新型コロナウィルスの感染拡大で、３月以降はチームの活動も一斉に止まった２０２０年。開幕は大きくずれ込み、野球選手も息を潜めて生活しなければならなかった。しかし、リモートワークの通じない職業。ましてや僕の年齢を考えれば、体を動かさないというのは休息ではなく引退への道を加速させることを意味する。元気なのに「練習してはダメ」と言われる矛盾。そんな苦境を救ってくれたのは、かつての恩師だった。

佐々木恭介さんは奈良県の社会人チームである『大和高田クラブ』の監督を務めており、クラブも活動休止だったこともあって、その練習場を使用させてくれたのだ。兵庫県の自宅から車で大和高田まで通い、可能な限りでメニューをこなし、車で帰る。もちろん1人でやれることなど限られていたが、明確な目標もなくフワフワした中で、本当にありがたい環境だった。

6月に開幕し、交流戦は中止。無観客で試合を行なう特別なシーズンとなったが、僕は出場わずか43試合、打率・154に終わった。すでに43歳。タイガースからの引退勧告を受け入れるのが正しかったかも分からないが、こんな1年で終わってたまるかという思いを抑えることはできなかった。野球人生を終えることの怖さはなかったが、自分が好きでやってきた仕事なのに、何だか「無」でピリオドを打つような気がした。

その思いを受け入れてくれたのが、プロ野球人生のスタートを切ったドラゴンズだった。街はコロナ禍で初めてのクリスマスが近づいていたころ。ありがたいオファーが僕への最高のプレゼントとなった。

第7章

日本代表編

日の丸の重責

王さんのオファーを断るなんて……

僕がプロに入った1999年は、プロ野球選手が日の丸を背負うことはなかった。2000年のシドニー五輪でプロアマ混合チームとなり、オールプロで臨んだ2004年のアテネでは、僕自身も2度目の五輪に出場する。

社会人野球を経験しているがゆえに、やはり「五輪野球はアマのもの」という思いがあり、アテネではアトランタ以上の緊張感があった。ペナントレース中の開催で、1球団2人ずつの24人で臨んだが銅メダル。アトランタでの銀メダルに続いて、ようやく「金」を獲得したのが2006年の第1回ワールド・ベースボール・クラシック（WBC）である。

実は1度目の代表入りのお誘いは丁重にお断りしている。シーズンへの調整に自信が持てなかったのが理由だが、2度目は王貞治監督との直接電話だった。王さんからお声がけいただき、２度目も断る勇気は当時も今も、僕にはない。

とにかく第１回なので、運営方法や大会の詳細も分からぬまま戦っていた。今でこそファンの皆さんも理解しているだろうが、当時は球数制限、ラウンド制の大会方式など、なじみのないルールばかり。期間中も本当にいろいろなことが起こった大会だった。国際大会なのに中立国の審判ではなかったことも話題になった。第２ラウンドのアメリカ戦（アナハイム）では、タッチアップの離塁が早かったとして日本の得点が取り消された。今なら「チャレンジ」で済む話が、当時は王監督の猛抗議になったのである。

その第２ラウンドは日本、アメリカ、メキシコが１勝２敗で並び、直接対決も１勝１敗。結局、得失点差ではなく失点率で日本は辛くも勝ち上がった。

緊張よりもフワッとした大会。戦っている自分たちが「どんな大会？」という感じだったのだから、第２ラウンドで渡米して以降の日本での盛り上がりなど、想像もつかなかった。今のようにスマホで映像やニュースがすぐに伝わることはなく、国際用の携帯電話をレンタルして使用していた。

韓国との準決勝（サンディエゴ）で先発を外れたが、代打で放った2ランが決勝点になった。打つ直前に、TBSの松下賢次アナウンサーが「生き返れ、福留！」と実況してくれたことも、ずいぶんあとから知ったことだ。

とにかく驚いたのが世界一となり、日本に帰国したあとのこと。チームは解散して僕は新幹線で名古屋に帰ったのだが、ホームには規制のためのロープが張られていて、とんでもない数のファンが出迎えてくれた。ドラゴンズが優勝したときを超える騒ぎで、あんなことはあとにも先にも一度きりだった。

侍ジャパンに選ばれるということ

3年後の第2回大会にも原辰徳監督に呼んでいただき、連覇することができた。ただ、チームの結果が素晴らしく、僕も今でもあの第1回大会の韓国戦のホームランのことを言ってもらえたり、取材されたりするのだが、もしあのまま敗退していたら……と考えることはある。正直、僕が出場していたことすら忘れたくなったと思う。侍ジャパンに選ばれるというのは、ものすごく光栄なことであると同時に、選手にとってはリスクを伴う決断となる。

例えば第1回大会では僕自身、韓国戦でのホームランが代打だったのは、状態が上がらず先発を外されたからである。3月の大会に備えて、1月の自主トレ、2月のキャンプからかなり前倒しした練習をやっていったつもりだが、その過程ですでに「ちょっとやばい」とフォームのズレが気になったままでの本番だった。それを修正する時間や場所も十分ではなく、すごくストレスがたまっていたことを覚えている。自分だけではなく、谷繁元信さんや宮本慎也さんらベテランの方たちは、打撃投手役を買って出てくれたり、試合に出るメンバーのサポートを本当に献身的にやってくれていた。そんな姿を見ていただけに、結果を出せない自分が申し訳なくて……。

どの大会であれ、侍ジャパンの選手は所属チームでは不動のレギュラーであり、

3月は十分な打席やイニングを与えられ、開幕に向けた調整を許される立場である。しかし、同じチーム、同じ目的となれば試合に出る選手、出ない選手は分かれてしまう。3月開催の難しさもあるだろうし、では「オフシーズンなら大丈夫なのか?」と問われれば、疲労は抜け切っていない。開幕後に成績不振に陥る侍メンバーもいるが、それだけの重圧を背負っていたのだということは理解してあげてほしい。

ちなみに僕が人生でただ一度、胃カメラを飲んだのは第1回大会から帰国してしばらくしてからのことだ。本当に光栄なことだし、貴重な経験も積めた。しかし、それと同じくらいの苦しさ、厳しさも味わった。栄光と落胆。喝采と非難は常に光と闇、表と裏だということなのだろう。

生き返れ、村上!

自分がいい思いも苦しい思いも味わったことがあるからだろうが、WBCは第

3回以降も注目して見ていた。2023年の第5回は引退後初めての大会。日本中が朝早くから熱狂した準決勝、決勝もマイアミで見た。テレビ解説の仕事があったからだが、そんな依頼をいただいたのも自分が経験者だからなのかもしれない。

アメリカでは日本ほどWBCに熱狂していないと言われるが、第2回（2009年）当時はカブスに在籍していたから分かるが、少なくともメジャー・リーガーたちは簡単に勝てなかったことでプライドが傷ついていたとは感じた。第3回は明らかに目の色が違っていたから。今回もマイク・トラウト（エンゼルス）が参加を呼びかけたように、全員ではないにしても「世界一」を意識しているのだ。

そんな中、一発勝負の厳しさを味わい、経験した上で勝ち切った栗山英樹監督率いるジャパンは本当に素晴らしかった。名場面は見た人それぞれにあるだろうが、ここでは僕なりに3人の侍を取り上げたい。

まずはダルビッシュ有（パドレス）。今回の最年長侍にして、精神的支柱の役割を見事にやり切った。第2回大会ではともに戦った仲間でもあるのだが、当時はまだ若かった。14年を経て再び世界一を勝ち取ったのは本当にすごいことだ。

僕は「現役時代に対戦した中で、もっともすごかったピッチャーは誰ですか？」と聞かれたら「ダルビッシュ」だと答えている。豊富な変化球を持ちながら、全球種の質が高く、勝負球にできる。通常は打者は追い込まれたらその投手の最も得意とする球種を待ち、対応しようとするのだが、それをさせないのがダルビッシュのすごいところ。「球種を絞る」ということができないのだ。

だから僕のダルビッシュ対策は〝速い球〟と〝曲がり球〟に2分割することだった。カットボールもツーシームやシュートやスプリットでさえも〝速い球〟。次に〝入ってくる〟と〝逃げていく〟で2分割。間違いなく僕にとっての〝最強投手〟である。

投手としての大谷翔平（エンゼルス）とは、彼が日本ハムにいたころの阪神時代に対戦経験がある。フォークをレフト線に二塁打したが、当時はまだキャリアが浅く、その分だけ「ダルビッシュのほうが上」という印象。大きく飛躍したのはそのあとなので、また違っていたはず。１００マイル（約１６１キロ）を超すストレートや落差鋭いスプリット、ホームベースを横断するようなスイーパーを、打席でぜひ体感してみたかった。

僕は打者なので、投手・大谷は実体験が主になるが、打者・大谷は見れば分かる……いや、すご過ぎて分からない。すでに僕がどうこう言える次元でないことは間違いない。何と言ってもすさまじい飛距離。技術的に細分化すれば多少は言えることがあるだろうが、深い説明を求められれば果たしてどうだろう。なぜなら、僕ができないことをやっているから、説明が難しいのだ。数字上のことなら解説できても、本当の部分は誰にも語れないのではないかとすら思う。

ただし、僕は日本ハム時代から投手としても非凡だが、打者としてはさらに上、それこそ別次元の選手になるとは思っていた。もっとも、打者専念ではなく二刀流を目指したからこそ、肉体を作り上げ、今の大谷があるのかもしれないが。いずれにしても、僕は子どもたちに「大谷選手みたいに打ちなさい」とは絶対に教えない。もちろん、彼の存在そのものが野球少年に大きな夢を与えているし、投手・野手どちらもあきらめない選手が増えているのも大谷がいればこそ。とはいえ、プロ野球選手ですら別次元だという選手を、まだ筋力、骨格が未成熟な子どもたちに「同じようにやってみなさい」とは……。あこがれとマネてみるのとは別という意味。まさしく世界一の選手である。

「令和の三冠王」こと村上宗隆（ヤクルト）とは、以前から親交があった。村上がプロ2年目だったと思う。ロサンゼルスでの自主トレに、青木宣親が連れてきたのが初対面。青木が宮崎、僕が鹿児島で村上は熊本。同じ九州ということもあったかもしれないが、タイプこそ違えど青木は村上のすごさが分かっていたから、自主トレに誘ったのだと思う。

その青木が出てきたときも「何だこのバッターは！」と思ったけれど、初めて村上を見たときもとてつもないポテンシャルの高さがすぐに分かった。恵まれた体格、練習する体力、何よりもバットを強く振れる。強く振るのは教えてできることではない。うまくなりたいと思う貪欲さも持っていた。それ以降、球場で会えばあいさつに来る。「こんにちは」では終わらせず「今、こんな感じなんですが、どうですかね？」などと質問してくるのだ。自分の現在を把握する力、こうなりたいという未来への明確なビジョン。今の姿と実績は、決して驚きではない。

苦しんで、苦しんだ先にあったメキシコとの準決勝（マイアミ）での逆転サヨナラ二塁打と、アメリカとの決勝（同）の特大同点ホームラン。極度の不振が僕と重なったためか、いろいろなメディアからコメントを求められたが、僕は「必ず村上の打撃で勝つ日が来る」と言い続けた。まさに「生き返れ、村上！」。自分のことのようにうれしい一打でもあった。

第8章

番外編

趣味と交遊録

荒木雅博──五本の指に入る努力家

荒木雅博とは同い年で、互いに「トラ」「コウスケ」と呼び合う、気心の知れた関係だ。トラに言わせれば、初めて会ったのは高校時代の甲子園の開会式らしいが、僕の中では僕が3年遅れでプロに入ったとき。のちにゴールデングラブ賞を受賞する名二塁手だが、当時は外野にチャレンジしたり、両打ちの練習をしたりと一軍定着に向けて懸命に練習する立場だった。

僕の同期入団は年下の高卒か、大卒や大卒社会人の年上ばかり。互いに呼び捨てにできる同い年がいなかった。それは3年前に入団していた荒木も同じで、高卒は1人だけ。右も左も分からない環境に飛び込んだ僕にとっては、安心できる存在だった。

熊本工には松本輝（元ソフトバンク、楽天）や佐崎圭介といった好選手がおり、僕とはAAAアジア選手権でともに戦った仲間だった。つまり共通の友人がいたわけだが、当初のトラはおとなしく、遠慮している雰囲気があった。

ところがグラウンドでは一変する。星野、山田、落合と監督が入れ替わる中、トラは少しずつ、確実に成長していった。それを支えたのは練習量だ。ずっと室内練習場にこもり、打撃なら打撃、ゴロ捕球ならゴロ捕球と1つのことを延々とやり続ける。練習する体力と根気は、図抜けていた。僕も練習量には多少の自負があったが、互いにやっているうちは意地を張り合ってやめられない。

2人で鳴尾浜（阪神二軍の本拠地）で二軍戦に出て、一軍の甲子園のナイターが延長戦になって……。絶対的なレギュラーじゃないところから、いかにトラがのし上がっていったかを僕は見ている。正直、あのころに2人で一緒に名球会に入るとは思っていなかった。それを実現したのはあの圧倒的な練習量だ。

僕が知っている全ての野球人の中で、五本の指に入る努力家であり練習の虫。だからこそ、トラの活躍はいつだって素直に喜べたし、うれしかった。チームメイトであってもライバルであり、個人事業主の集まりでもあるプロ野球界で、そう思えた存在はなかなかいない。僕より先に引退すると分かったときは、寂しさと怒りにも似た感情が噴き出したのを覚えている。

僕の最後の2年間は、コーチと選手の関係。なれなれしく話すわけにはいかず、頑張って「荒木コーチ」と呼んでいた。あの努力と練習量を、今の若い選手にやらせたら確実に、かつすぐに体が壊れてしまう。だから歯がゆさもあるとは思うが、それでも根気強く基礎を教え続けられるのは、荒木コーチをおいてほかにはいない。

岩瀬仁紀――野球選手オーラはゼロなのに……

僕と岩瀬仁紀さんは3歳違いの同期生だ。初めて投げる姿を見たのがドラフト解禁年（1998年）の社会人野球岡山大会だった。西尾東高から愛知大、NTT東海とずっと愛知県。すっかり懇意になっていた中日の中田宗男スカウトに聞くと指名方針はあると言う。ただ、3位、あるいは4位でもという感触だった。

僕は「絶対に獲るほうがいいですよ。岩瀬さんがどうしても1位でと言うのなら、僕は2位でもかまいません」と進言した。

当時のドラフトには逆指名枠が「2」あり、1・2位は同時公表だった。つまり、そこには格はあるが、あくまでも形式上。僕にこだわりはなかった。

上原浩治さん、二岡智宏さん、松坂大輔ら、のちに〝1998ドラフト〟は大豊作と呼ばれるが、その中に史上最多の1002試合登板、407セーブのクローザーがいたわけだ。ただし、当時は岩瀬さんがそこまでの投手になるという評価は、世間ではされていなかった。それなのになぜ僕がそこまで推したのかというと、岩瀬さんには「魔球」があると気づいていたからだ。

のちに代名詞となるスライダーもすごかったが、僕がそれ以上の魔球だと思っていたのはシュート。左打者の内角はもちろん、右打者の外角にストライクが取れるし、空振り、凡打と自在に操っていた。左投手が右打者の外角に、あれほど精度の高いシュートを投げるのは初めて見た。大学時代までは野手が主で、投手はチーム事情で兼務している程度だったと聞いた。実質3年目でこのボールなのか……。衝撃を受けた数少ない投手の1人であった。

もちろん、僕の言葉がなくても岩瀬さんがプロに入っていたのは間違いない。ただ、阪神なども指名候補者としてリストアップしていたようで、必ず中日に入っていたかどうかは分からない。


岩瀬さんはユニフォームを着ていなければ、本当に野球選手とは分からないほどおとなしい。いわゆる〝野球選手オーラ〟を一切、発さないのだ。全身から闘志の炎を燃やす人もいるというのに、マウンドに上がる前も常に不安そう。打たれればせめて酒でも飲んで次の試合に向けて気持ちを切り替えたいところだが、岩瀬さんは1滴も飲まない。よくクローザーという重圧と戦う役割を担っていたと思う。何があっても動じないという意味で、逆に最初から不安を抱えていたことが強みになって成功したのだろうか。

1年目の開幕戦で初登板したが、リードを守り切れず、3連打を許して降板。しかし一死も取れなかったため、防御率の欄には算出不能の横線が引かれていた。しかし、星野監督はそれ以降も岩瀬さんを大事な場面で使い続け、岩瀬さんも応えた。あれこそが育成力だったのかとつくづく思う。

同期生らしいエピソードもある。１年目に２人で焼き肉を食べに行った帰り道。ルーキーとはいえ、タクシーで帰るところだが、名古屋に住んでまだ日の浅い僕が、好奇心から「市バスに乗ってみたい」と提案した。しかし、路線も乗り方も分からない。そんなときには「岩瀬兄貴」に任せっきり。社会人時代から住んでいる岩瀬さんは、路線も行き先もすぐに調べ上げ、連れて行ってくれた。車内では誰も僕たちに気づかない。いや、たぶん１人だけ……。バックミラー越しに目が合った運転手さんが、ビックリした顔をしていた。

後ろで守っていたときは、本当に背中が大きく見えた。「ああ、今日も大丈夫だ」と味方に思わせてくれる安心感。僕の引退セレモニーにも駆けつけてくれて「お疲れ様」と声をかけてくれた。１００２試合登板、４０７セーブ。この記録が破られる日なんて、来るのだろうか。

山﨑武司——名古屋の兄ちゃん

僕が「名古屋の兄ちゃん」と慕う先輩がいる。山﨑武司さんだ。9歳も年が離れていて「兄ちゃん」は失礼かもしれないけれど、感覚としては身内。きっかけは2年目の自主トレだった。その年からドラゴンズでは、ほぼ全員が参加する「合同」のスタイルをやめ、まさしく「自主的」にトレーニングすることになった。

山﨑さんは関川浩一さん、落合英二さん、久慈さんたちとハワイで自主トレ。ろくに話したこともなかったのに、思い切って「僕もついていっていいですか?」と頼んだのが始まりだった。

通算403本塁打。セ・パ両リーグで本塁打王。2003年にトレードでオリックスへ移籍してからも、親しくさせてもらっている。そこから楽天へ行き、最後はやはりドラゴンズ。僕と同じユニフォームを着ていたのは4年間だけだったけれど、そんな気がしないほど濃い時間を過ごしてきた。

プライベートで香港に遊びに行ったことがある。美食と観光。ツアー客と同じように夜景を堪能して、マカオにヘリコプターで飛んで。僕はじっと座って予想する時間がもったいないと思ってしまうからやらないが、山﨑さんは豪快にカジノで遊んでいた。

とにかく打撃だけでなく全てが豪快。それでいて人情家。何か問題を抱えたり、行き詰まったりしているときでも、山﨑さんに聞けば答えを出してくれる。野球でもプライベートでも、僕の相談事には必ず答えをくれた。だから「名古屋のお兄ちゃん」。これからもお世話になると思う。

藤井秀悟——自由でやんちゃな親友

藤井秀悟との出会いは、高校2年生の冬に招集されたＡＡＡ選手権の日本代表チームだった。今治西のエースで、なぜかウマが合い、よくしゃべるようになったのだ。

この大会は年末から年を越して年始まであった。終了して帰国すると解散。冬休みということもあり、僕はそのまま帰省した。そこになぜか秀悟も「オレも行くわ」。大会前に会ったばかりとは思えないほどの打ち解けっぷりだった。

船に乗って釣りをしたり、内之浦にロケットを見に行ったり、ちょっとだけ野球の練習をしたり……。秀悟は自由でやんちゃ。僕の両親もすっかり気に入り「秀悟、秀悟」と呼んでいた。のちにプロ入りしてからも、息子の僕だけでなく、秀悟にも差し入れを送っていたほどだ。


春のセンバツ甲子園で再会。秀悟が四番でエースの今治西はベスト4まで勝ち上がったが、秀悟は左ヒジを痛めてしまい最後は痛々しかった。日本生命に進んでからも会った。都市対抗に出場したときに、練習用に借りたのが早稲田大のグラウンドだった。互いに頑張っていることを確認し、僕の1年後にヤクルトを逆指名してプロに入った。

2年目には最多勝とベストナインを獲得し、ヤクルトの優勝に大きく貢献。日本ハム、巨人、ＤｅＮＡと4球団を渡り歩き、計83勝を挙げている。

プロでの対決はすごく楽しみだった。秀悟がルーキーだった２０００年は1度の対決で本塁打。以降、僕が渡米するまでに46打数20安打で打率は・４３５、7本塁打と僕の圧勝だった。ストレートを待っていれば対応できたし、古田敦也さんのリードに首を振ったときはストレートが来る確率が高かった気がする。

強烈に印象に残っているのは２００５年5月5日のナゴヤドームだ。ホームから大きく離れて立つタイロン・ウッズの顔近辺に球を投げ、ウッズが激高。秀悟は死球ではなかったからだろう。歩み寄るウッズに両手を挙げて「なぜだ？」とやってしまった。ウッズのパンチをもろに顔面に食らい、秀悟は倒れてしまった。確かに当ててはいないのだが、秀悟はコントロールがいい。それをウッズも分かっているから「たまたまじゃなく、狙って投げただろ？」と怒ったわけだ。

後日、秀悟から聞いたのは「めっちゃ怖かった」と「めっちゃ痛かった」。そうだろうなあ……。僕にとってもチームメイトを止める間もない出来事だった。

知り合ってから30年近く経つが、今でも自由でやんちゃなところは変わらない。全くお互いに気を遣わなくていいのが、秀悟との友情が続く理由だと思う。

鳥谷敬――尊敬できる本物の努力家

鳥谷敬と初めて話したのは中日時代だが、僕が阪神に在籍してチームメイトとなってからは非常に濃厚な付き合いになった。それは彼の野球に取り組む姿勢に共感を覚え、尊敬できたからだ。

ストイック過ぎるほどのストイック。1つのことを徹底して極める鳥谷の存在は、僕がケガをして試合に出られなかった時期と重なったこともあり、自分の体をもっと意識するきっかけになった。年下だろうが後輩だろうが、同じ野球人なのだから関係ない。鳥谷の話を聞き、自分で試す。たくさんのことを学ばせてもらった。

試合が終わり、一緒に食事をしに行って、アルコールの酔いがほどよく回ろうともなお野球の話を続けていられる。そんな数少ない間柄なのが鳥谷だった。興味があるのは他人がどう思うかではなく、自分の責任に対してのみ。僕がシーズンオフにファスティング（断食）をやるようになったのも、鳥谷の影響を受けたからだ。

ハワイや沖縄で自主トレを一緒に行なっていたし、メジャー挑戦を視野に入れていた時期には向こうから相談も受けた。阪神の引退勧告を受け入れず、ロッテへ移籍したときも鳥谷らしいなと思った。

「生え抜きの幹部候補生なのだから、阪神で終わったほうがいい」と思った人もいただろうが、僕は自分を貫いた鳥谷が好きだし、その決断を尊重した。実際、一度は出て良かったと個人的には思っている。

僕が出会った野球人の中で、本物の努力家は荒木と鳥谷だけ。いつかは必ず指導者としてユニフォームを着る人。その日が来るのを僕も楽しみにしている。

丸山桂里奈――瞬く間にSNSにアップ

プロ野球界以外で交友があるのは、丸山桂里奈さん。女子サッカーなでしこジャパンのFWで、2011年のワールドカップ、ドイツとの準々決勝では延長戦で決勝ゴールを決めた。引退後はテレビのバラエティ番組に引っ張りだこである。

僕がカブスでプレーしていた2010年にご縁ができた。丸山さんも創設間もないアメリカ女子プロサッカーリーグのフィラデルフィア・インディペンデンスに所属していたからだ。普段は本当にテレビで見るまんまの「自由な人」。ところがサッカーに関しては真逆。ストイックだし、悩み過ぎを心配になるくらいに悩む。そのギャップを知っているから彼女はおもしろい。

僕が日本に帰り、阪神と契約した2013年は、丸山さんもスペランツァFC大阪高槻に所属。同じ関西に在住していたこともあり、観戦や食事をする機会があった。当時の監督が、のちに夫となる本並健治さんというわけだ。

しかし、僕が知り合ったころは単身の海外生活。メジャー・リーガーと違って通訳もおらず、環境、待遇という面では僕たちより勇気ある挑戦だと刺激を受けた。尊敬できるアスリートの１人である。

僕が引退したときにも連絡をくれたし、その後に新幹線で何と隣が丸山さんという偶然もあった。すかさず「福留さん、写真撮りましょ」とスマホを取り出し、瞬く間にＳＮＳにアップされていた。本当に自由な人。２０２３年2月には女の子を出産した。子育てに奮闘中だと聞いたが、彼女と本並さんなら抜群のチームワークで明るく、元気な家庭だろうと想像している。ぜひ、ファミリーと食事する機会を設けたい。

船舶免許を取ってみたい

この辺で趣味の話も書いてみよう。一番はゴルフ。初めてクラブを握り「おもしろそう」と思ったのは、実は高校時代だった。ＰＬ学園は野球部以外にも剣道部、ゴルフ部が強豪で、寮も同じところにあった。

最後の夏を終え、部活動を引退したら少しは自由になる。同級生のゴルフ部員の部屋に遊びに行き、ゴミ箱に向けてアプローチをやってみたり、スイングしてみたりと、遊びから入っていった。

日本生命では年に数回ラウンドしていた程度。中日を逆指名のあとだったと思う。星野さんからネーム入りのクラブを贈られた。みんなは活躍したときに時計や記念品をもらっていたけど、僕はこれが最初で最後。生まれて初めていただいたクラブが星野さんからだったことになる。

ベストスコアは72。得意というより好きなクラブはアイアン。理由は自分の思ったところに打てそうな気がするからだ。よく聞かれるのが「引退して思う存分できますね？」と「シニアツアーに興味はないんですか？」だ。

僕たち野球選手がゴルフをできるのはキャンプ中の休日とシーズンオフくらい。

野球をやめ、自由になったのだから新緑の季節や夏場でもさわやかな北海道、あるいは思い切って海外も……。そんな話を知人ともよくしていたのだが、人間とは不思議なものだ。「いつでもできる」立場になれば「まだ寒い」「まあ、あわてなくても」などと言い、逆にゴルフ場から足が遠のいたりする。

シニアツアーもいつかはそんな気持ちが出てくるかもしれないが、それよりもプロのツアーを見て回りたい。そして家族とゆっくり過ごしたい気持ちが勝っている。妻もやるのでいつかは２人で……。

阪神に行ってからハマったのが釣りだ。子どものころは鹿児島の海でやったことはあるが、大人の釣りはまた違う。関本賢太郎、岡﨑太一たちが大好きで、誘われたのがきっかけだ。琵琶湖でのバス釣りと和歌山まで遠出しての海釣り。楽しみ方はそれぞれだ。バスはルアーだから、誘い方とルアーのチョイスを間違えれば全く釣れない。魚との知恵比べ。反応を予測し、考えて釣る。その勝負が快感なのだ。

海なら船頭さんがポイントまで連れて行ってくれるが、釣ったあとも楽しみの1つ。魚を自分でさばくのだ。自慢じゃないが海辺の育ち。小さいころから普通に包丁を使い、魚をさばいていた。船上で内臓を出し、血抜きをしてうろこを落とす。三枚に下ろすのは帰宅してから。昆布締め、しゃぶしゃぶ用に切り分けるなどたいていのことならできる。

コロナ禍で人混みも避けていたこともあり、釣りと料理の腕前は上がったかもしれない。鯛のあら炊きや煮物もお手のもの。せっかく自由な時間が増えたのだから、船舶免許を取ってみたいと考えている。

第9章

中日ドラゴンズ編_2

2021-2022

運命と宿命と

記念品を残さない僕の大切な誇り

2020年の年の瀬に、名古屋市内のホテルでドラゴンズから正式なオファーを受け、14年ぶりの古巣復帰が決まった。もちろん金銭面など二の次、三の次。野球をやれるということが全てだった。

運命かもしれない。いや、ボールを追いかけていたあの串間キャンプの時からの宿命だったのかもしれない。復帰から1年を終えた2021年秋、与田剛監督の後任として発表されたのが立浪監督だった。

翌春の沖縄キャンプ。僕は北谷球場の監督室に呼ばれた。

「孝介、開幕いくからな。そこに合わせてやってくれ」

1カ月以上も先の開幕スタメンを、直接伝えられた。あとになって記者の方々から教えてもらったが、44歳10カ月での開幕スタメンは史上最年長だった。

意気に感じた。絶対に打ってやろうと思った。しかし、起用に応えることはできなかった。開幕戦以降も打てない日々が続いた。それでもベテランを使い続けることは、ものすごい忍耐が必要だったと思う。

5月26日、交流戦の西武戦（バンテリンドーム）でタイムリー二塁打を打った。それがシーズン唯一にして、僕の野球人生のラストヒットとなった。

もちろん、その時点では「これで終わり」とは思っていなかったが、今にして思えば最後が二塁打だったのはいかにも僕らしい。プロ初安打もそうだった。メジャー初安打もそう。そして最後も……。

一番僕らしいヒットが二塁打だと思っている。ホームランバッターではない。強い打球を打つ。外野の間を抜ければもちろんだが、相手守備のわずかなスキを見逃さず、二塁を奪うスピード感を追い求めてきた。日本で４０９本、アメリカで１１１本。足し算すれば、立浪さんの日本記録（４８７本）を抜くことができた。記念品をほとんど残さない僕の大切な誇りである。

最後の安打は2022年5月26日の西武戦（@バンテリンドーム）、適時二塁打だった

僕が最後に決めたこと

よく「引退を決意した瞬間はあるんですか？」と聞かれる。ハッキリとした試合や打席はないのだが、自分の中では交流戦が終了した6月13日に二軍降格したのは大きなきっかけだったかもしれない。

二軍に行くことが不満だったり、あきらめたりしたわけではない。むしろ「また上がってやる」という意欲はあった。ところが、練習をして試合に出たころに「何かが違う」と。今まで自分がやってきた野球との微妙なズレを感じた。体が動かなかったり、何かができなくなったわけでもない。年齢を重ねて野球をやる上で、最も大切なのは気持ち。それが一瞬でも折れたらもうダメだと悟った。

厳密には折れたのではなく「欲」が消えた。試合や打席だけではなく、家で1人でいるときにも「もっとこうしたい」「明日はああしてみよう」と考え、工夫していたものがなくなっていた。
二軍では息子のような若手に囲まれている。彼らを見ながら「今のうちにやっておけばいいのに」と考える時間がどんどん増えていく。つい呼び止めて、自分の練習を見せる機会もどんどん増えていった。若手を見渡して「負けた」と思ったことは一度もない。でも「こいつらを蹴落としてでも」という気持ちもなくなっていた。勝負の世界を生きてきた。そんな自分に気づいたとき、「ああ、これが引き際なんだ」と思った。

8月ごろだろうか。妻にだけは相談した。「あなたの決めたことを家族全員が応援する」と言ってくれた。そこからは自分の決断を絶対に周りに気づかせてはダメだと思い、逆にグラウンドでは今まで以上に全力で動いた。ランニングでも絶対に緩めなかったし、練習の手も抜かなかった。自分が向き合ってきた野球を、「もう辞めるから」と適当にやるような姿だけは誰にも見せたくなかった。最後までやり切る。それが僕が最後に決めたことだった。

中日で終わって良かった

それが正解だったのかは分からない。人生は一度きり。やり直して比べることはできないのだから。でも、中日で終わって良かったとは心の底から思っている。球団と立浪監督が用意してくれた引退試合では、満員のバンテリンドームで幕を引くことができた。幸せなことだと思う。自分でも少し驚いたのが、涙腺が決壊したことだった。

涙があふれ出てきたのは、ベンチ前で待ってくれていた立浪監督の顔を見たときだった。自分が目指してきた人に「お疲れ様」と肩を抱かれ、もう感情を制御できなくなったのだ。小さなころからあこがれて「こんな選手になりたい」と追いかけてきた。僕がアメリカに行っている間に引退して、ネット裏から勉強していたがなかなか声がかからない。そんな立浪さんが13年ぶりにユニフォームを着たタイミングで、僕が現役を終える。だから僕は運命、宿命だと考えたのだ。

後輩たちへ。「もっと、もっと」

ドラゴンズは長期低迷にあえいでいる。最後の優勝は、僕がメジャー・リーグでプレーしていた2011年。Aクラスは2020年だが、新型コロナの感染拡大のためにCSは中止されており、ファンにポストシーズンの楽しみを提供できたのは、現時点では2011年が最後ということになる。

勝つ味を知っているチームには勝ち癖がつくが、負けに慣れてしまうと負け癖がつく。毎日を真剣にやってはいるのだが、どこかであきらめもあるのだ。こうした負の雰囲気を一掃するために立浪監督は厳しい姿勢で臨んでいるのだが、チームを変えてくれるスケールの大きな若手選手がいる。

投手では**髙橋宏斗**。愛知・中京大中京高でも全国屈指の本格派と注目されていたが、新型コロナウィルスの感染拡大により春夏の甲子園が失われた世代だ。ドラフト1位で入団したが、1年目は一軍はおろか、二軍でも0勝5敗、防御率7・01と数字を残せなかった。

僕の中日復帰の年でもあり、好奇心からブルペンでの球筋を、打席に立って見たことがある。そういうとき、僕たちの判断基準は球速ではない。球質や角度、軌道である。いくら速かろうが、見やすいボールはプロは打つ。そういう基準から言えば、当時の髙橋宏は、高卒ルーキーということを割り引いても正直「ちょっと厳しい」だった。つまり二軍の成績も「やはり」だったのだが、2年目のキャンプで同じように打席に立ったところ、別人になっていた。

速くなったのではなく、球質、打席から見える軌道が一変していたのだ。そこからは登板間隔や投球数を配慮してもらいつつ、一軍戦力となっている。今春のWBCではドラゴンズからただ一人選ばれ、世界一にも輝いている。ドラゴンズの選手が侍ジャパンの一員としてWBCで世界一になるのは、第1回の僕と谷繁元信さん以来。しかし、髙橋宏にはここで満足することなく、トップの中のトップになってもらいたい。

投手が髙橋宏なら、野手は**石川昂弥**と**岡林勇希**である。愛知・東邦高ではエースとしてセンバツで優勝した石川と、同じく三重・菰野高時代は投手だった岡林は、同学年の同期生だ。ただし、どっしりとした右打者の石川と、俊足巧打の左打者・岡林はタイプは正反対。

石川の魅力は「飛ばす力」にある。遠くへ飛ばすのには技術やパワーは必要だが、それを磨くことはできてもあとから身につけるのは本当に難しい。そういう意味では石川には天から与えられた才能があり、中日の未来を背負って立つ和製大砲である。

2年目に故障してしまった石川に対し、岡林はひと足早く3年目に大ブレーク。レギュラーをつかんだだけでなく、最多安打のタイトルとゴールデングラブ賞、ベストナインまで手に入れた。打者としてはバットコントロールに長けており、俊足で盗塁と内野安打も期待できる。一方、外野手としてはプロ入団後からとキャリアは浅い。僕がともにプレーしていたときもそうだが、経験を伝え、技術を教えたつもりだ。

岡林が試合で使用しているグラブは、僕が譲り渡したものだ。僕が職人さんに伝え、こだわったポイントは「軽さと芯の位置、それでいて親指と小指のほどよい硬さ」だった。フライを追ってフェンスに激突しても放さない深さと、ゴロのヒットを捕ってすぐに取り出せて投げる浅さ。そんな注文に見事に応えて下さる職人さんのためにも、こちらもプロフェッショナルであろうとした。

試合でデビューするまでに1、2年は練習で使う。いったん試合用となれば5、6年は使い続けた。「次」のために仕上げていたグラブだったが、引退により日の目を見なくなった。グラブというものは、試合で使われてこそ意味がある。そこで僕の代わりに岡林が使ってくれている。

僕の引退セレモニーでは、大野雄大、大島洋平の投打のキャプテンだけでなく、岡林からも労いの花束を贈られた。僕はあえてこう声をかけた。

「まだまだぞ。これで満足するな。おまえはここからだ。頑張れ」

これは岡林だけではなく、髙橋宏にも石川にも言いたいことだった。3人には野球を辞めるその日まで「もっと、もっと」を追求してもらいたいのだ。

幼いころから憧れた立浪和義監督と。引退セレモニーにて

中日のチームメートから、胴上げで送り出される。その回数は、最後の背番号と同じ９回だった

第10章

野球界への提言

未来に思う

野球は〝間〟のスポーツだ

メジャー・リーグでは改革の波が押し寄せている。今シーズンから「内野の守備シフト制限」、「一〜三塁ベースの拡大」とともに「ピッチクロック」が導入された。投手が捕手からの返球を受け取ってから、走者なしなら15秒、ありなら20秒以内に投球動作を開始しなければならない。違反すれば1ボール追加となり、逆に打者も制限時間の8秒前には打席に入り、打つ準備を完了させなければならず、違反は1ストライクとなる。

目的はもちろん試合時間の短縮にあり、その効果は絶大だ。シーズン途中の集計では前年比28分も短くなっているという。通常、バッテリーのサイン交換は捕手がリードするものだが、これだと投手が首を振っている間にタイムオーバーとなってしまう。捕手にほぼすべてを任せるか、逆に投手が投げたいボールを捕手に伝えるか。

見る側に立てば、野球は少し長過ぎる。時間短縮はいいことなのかもしれない。しかし、やる側だった人間としては、本質からずれているような違和感がある。「野球は間（ま）のスポーツ」だと考えているからだ。その間をつぶしてしまうのはどうなんだろう。

例えば満塁。ここが勝負どころという局面で、ピッチクロックによってボール、押し出しとなるケースもある。実際、メジャー・リーグではオープン戦だが、一打サヨナラの場面で打者のほうがピッチクロック違反を取られ、三振で終了した試合があった。

間の駆け引きは、見る側におもしろみを提供する。野球の魅力の1つではないだろうか。もちろん試合短縮は大切だが、ほかに方法はある気がする。こうしたルール変更の多くは、アメリカの翌年に日本に上陸する。間を大切にし、捕手のリードで組み立ててきた日本の文化にはなじまない気がするのだが。

ＡＩ審判もなんだか寂しい。選手のことを考えるのか。お客さんのことを考えるのか。野球のおもしろさの根本を削ってまで、試合時間は短縮すべき課題なのか。人間が裁く。そこにミスもある。ほかにやりようはないのか。もっとも、こういうことを考えるのは僕たち世代までかもしれない。今まで野球に興味の無かった若い世代は、ＷＢＣを見て「おもしろい！」と思ったが、一方で「長い」と感じたという。要するに、ある程度は短くするための手段、方法について話し合う余地はあったんじゃないかと思う。

もっとも、あれだけ改革に積極的なアメリカも、テレビ中継がからんだ途端に、イニング間が長くなる。そもそも論になってしまうが、メジャー・リーグのオーナーは球団経営で稼ごうとはしていない。とてつもない資産を持っており、お金は別のところで稼ぐ。野球は文化なのである。

高校野球にも提言を

高校野球にも提言を。夏の甲子園の酷暑問題を何とかしてあげてほしい。早朝とナイター。日中を空ける。グラウンドの照り返しは、本部席にいらっしゃる方たちの想像以上に厳しいのだ。命に関わるのだから、悲劇が起こる前にぜひとも善処してもらいたい。

審判の皆さんも、球児と同じ暑さに耐え、一生懸命にやっているのは分かるのだが、もう少し質を上げられないものだろうか。抗議も禁止。しかし、ルール運営の疑義があるケースでも確認すらできない。監督に権限がないから、キャプテンがベンチと審判の間を何往復もさせられる試合を見たことがある。あの伝言ゲームは本当に見ていられないくらいかわいそう。ただひと言。もう少し柔軟に。

ラーズ・ヌートバー（カージナルス）のペッパーミルをまねたパフォーマンスも注意されたが、自分たちが盛り上がるのと相手をリスペクトしないのとは違う。

時代に合わせた変化をしてもいいのではないだろうか。

高校もプロも審判は権限を持っているが、決して偉いわけではない。威厳を持って裁き切るのは大切だが、威厳が過ぎると威張っているかのように映る。大きな意味で、ともに試合をつくる仲間。お互いに敬意を持ってプレーとジャッジをする姿をお客さんに見せるのが、理想だと思う。

必ず成し遂げたい夢、理想の指導者像

9歳の春、ソフトボールから始まり、45歳で現役生活を終えた。解説者としての生活に少しは慣れかけた今、よく聞かれる質問がある。

「次の夢は何ですか?」

何だろう。今、本当に思い浮かばない。野球で成功したい。もっと、もっとうまくなりたい。それだけを思って突っ走ってきた。だから新たな夢を探している

日本生命の特別コーチとして後輩たちを指導

最中。かといって心にぽっかり穴が空いているわけでもない。明確な夢がなくても、毎日が充実して楽しいと感じている。目の前の小さな夢なら、行ったことがない場所に行ってみたい。それは僕ではなく家族が、という意味で。夫が中心。父が中心。そんな生活を家族には強いてきた。だから、これからは僕が支える。妻や息子、娘が「行きたい」と願う街が、僕も「行きたい」と思う街なのだ。ささやかだが、必ず成し遂げたい夢である。

「指導者になりたいとは思わないんですか?」

次に聞かれることが多いのがこの質問だ。理想の指導者像ってなんだろう。まったくもって頭に浮かばない。ただ、言えることはある。目の前でプレーしている選手たち、そしてこれからプロに入ってくるであろう選手たちが、今何をどう考えているのか。それは解説者として活動しながらも、しっかりと触れていきたいということだ。

それを知り、感じておかないと、自分の経験に基づいた理論だけで「こんな指

日本生命は2023年、3年ぶりに都市対抗へ出場

導をしたい」と思っていると、間違った方向に進んでしまう。野球は進化もするし、変化もする。例えば投手のボールは確実に速くなっているし、トレーニング理論や分析機器も日進月歩である。指導者がアップデートできないと、選手との距離は開く一方になってしまう。

10とまではいかなくても5を知っておけば、すり合わせができる。そういう点では、古巣の日本生命で特別コーチとして指導する機会を得られているのは、僕にとっても非常に勉強の場となる。プロの若手や社会人在籍選手は、どんな意識で取り組んでいるのかが分かるからだ。

日本生命野球部の全員が、プロを目指しているわけではない。現在地も違えば、思い描く未来も違う。プロ野球選手だって、誰もが四番打者を狙っているわけではないのと同じ事だ。一番を打ちたい、走塁のスペシャリストを目指す、どこでも守れる万能プレーヤーとして貢献したい……。社会人だからといって、プロより意識が低いと決めつけるのは大きな間違いだ。こちらからアドバイスを送りたいが、どんな言葉でどう伝えれば的確に理解してもらえるか。そういった点ひとつとっても、僕が学ぶべきことは大いにある。「理想とする指導者像とは？」の答えも、少しずつ見えてくるだろう。

おわりに

現役を引退し、新米解説者として球場へと通う日々を送っている。そこで感じるのは、自分がグラウンドから見ていた野球って意外と狭かったんだな、ということだ。記者席や放送局のブースから見る野球は違っていた。

まず敵と味方がないから、フィールド全体の動きがよく分かる。現役のときは、相手投手はよく見るが、守備隊形までは目が行き届かない。俯瞰して眺めるグラウンドは、全員の動きが手に取るように分かるのだ。

見る場所も違えば、敵味方の区別なく、全体を見渡せる。今まで見えなかったものが見えてきた。個々の選手も調子や状態の良し悪しよりも、いかに1球を考え、動ける選手なのかを知ることができる。いい意味で、長年グラウンド上でやってきた野球の固定観念が崩されつつある。仮にユニフォームを着続けて指導者になっていたら、見えなかった世界と風景ということだ。

日本生命で特別コーチをさせていただき、そこでも視野が広がる。高校や大学の野球を見る機会も今まで以上に増えるだろうし、今年中にはアメリカを訪れる計画も立てている。メジャー・リーグだけでなく、楽しみにしているのがマイナー・リーグ。それも試合観戦より練習に興味がある。日本より続々とタレントが出てくる環境。「能力の違いだ」と言われればそれまでだが、明らかに各チームで特色がある。速球派がやたらと多いチーム、若手有望株の数が突出しているチーム……。何を考え、どんな方針で育成をしているのかを自分で見て、学びたいのだ。

自分ならこんな野球をしてみたい。確固たるスタイルをつくるのはまだ先だが、チャンスや可能性があるのならチャレンジしてみたい。自分で扉を閉ざし、限界をつくるようなことはしたくない。今はいろいろなものを見る、経験する、考えるための大切な時間だと思って過ごしている。解説者の仕事は、間違いなく野球人としての引き出しをもっと大きく広げるきっかけとなっている。

Epilogue

僕が大切にしている言葉がある。「努力に勝る天才なし」。誰しもに目標がある。そこに近づき、到達するためには才能以上に努力が必要である。自分が大好きな野球だから、「もっと、もっとうまくなりたい」「もっと上に行きたい」と考えてやってきたことを〝努力〟だと思ったことはないのだが、探究心や向上心は忘れずにやってきたという自負はある。周りの人がそれを〝努力〟だと言うのなら、そうかもしれない。もっと先に、きっと新しい発見がある。未来がどうであれ、僕はその歩みを止めることはない。研鑽を重ねた何年か先に、そんな『福留孝介の野球』を皆さんに披露できるときが来ることを、楽しみにしてもらいたい。

福留孝介

福留孝介

打撃成績

2011	2010	2009	2008	2007	2006	2005	2004	2003	2002	2001	2000	1999	年度
CHC	CHC	CHC	CHC	中日	中日	中日	中日	中日	中日	中日	中日	中日	所属球団
87	130	146	150	81	130	142	92	140	140	120	97	132	試合
345	429	603	590	348	578	612	404	617	608	442	368	526	打席
293	358	499	501	269	496	515	350	528	542	375	316	461	打数
33	45	79	79	64	117	102	61	107	85	51	50	76	得点
80	94	129	129	79	174	169	97	165	186	94	80	131	安打
15	20	38	25	22	47	39	19	30	42	22	18	25	二塁打
2	2	5	3	0	5	6	7	11	3	2	2	2	三塁打
3	13	11	10	13	31	28	23	34	19	15	13	16	本塁打
108	157	210	190	140	324	304	199	319	291	165	141	208	塁打
13	44	54	58	48	104	103	81	96	65	56	42	52	打点
2	7	6	12	5	11	13	8	10	4	8	8	4	盗塁
5	3	3	2	0	0	0	1	1	0	4	2	8	犠打
0	4	5	5	4	3	3	2	6	5	3	2	2	犠飛
46	64	93	81	69	76	93	48	78	56	56	45	50	四球
1	0	3	1	6	3	1	3	4	5	4	3	5	死球
57	67	112	104	66	94	128	93	118	96	90	79	121	三振
.273	.263	.259	.257	.294	**.351**	.328	.277	.313	**.343**	.251	.253	.284	打率
.374	.371	.375	.359	.443	**.438**	**.430**	.367	**.401**	.406	.352	.350	.359	出塁率
.369	.439	.421	.379	.520	.653	.590	.569	.604	.537	.440	.446	.451	長打率
.743	.810	.796	.738	.963	1.091	1.020	.936	1.005	.943	.792	.796	.810	OPS
—	5	2	地区優勝	2	優勝	2	優勝	2	3	5	2	優勝	チーム順位

※各年度内の**太字**はタイトル獲得

MLB通算：5年	NPB通算：19年	2022 中日	2021 中日	2020 阪神	2019 阪神	2018 阪神	2017 阪神	2016 阪神	2015 阪神	2014 阪神	2013 阪神	2012 CWS	2011 計	CLE
596	2023	23	91	43	104	123	127	131	140	104	63	24	146	59
2276	7969	30	216	92	403	499	526	523	569	367	241	51	603	258
1929	6822	24	193	78	348	414	441	453	495	312	212	41	530	237
264	1040	0	17	3	39	57	68	52	53	20	18	2	59	26
498	1952	1	42	12	89	116	116	141	139	79	42	7	139	59
111	409	1	12	2	16	26	20	25	24	8	11	1	27	12
13	50	0	0	0	1	2	3	3	3	0	0	0	3	1
42	285	0	4	1	10	14	18	11	20	9	6	0	8	5
761	3316	2	66	17	137	188	196	205	229	114	71	8	196	88
195	1078	3	18	12	47	72	79	59	76	34	31	4	35	22
29	76	0	0	0	0	2	1	0	1	1	0	0	4	2
14	23	0	0	0	2	0	1	0	1	3	0	0	6	1
18	66	2	0	3	3	7	4	6	7	4	0	2	2	2
307	1009	4	23	11	49	73	77	61	65	47	28	8	61	15
8	49	0	0	0	1	5	3	3	1	1	1	0	4	3
402	1494	11	56	31	85	90	92	78	75	48	43	9	110	53
.258	.286	.042	.218	.154	.256	.280	.263	.311	.281	.253	.198	.171	.262	.249
.359	.379	.167	.301	.250	.347	.389	.373	.392	.361	.349	.295	.294	.342	.300
.395	.486	.083	.342	.218	.394	.454	.444	.453	.463	.365	.335	.195	.370	.371
.754	.865	.250	.643	.468	.841	.843	.818	.845	.824	.714	.630	.489	.712	.671
		6	5	2	3	6	2	4	3	2	2	—	—	2

※CHC＝シカゴ・カブス、CLE＝クリーブランド・インディアンス、CWS＝シカゴ・ホワイトソックス

福留孝介

守備成績

[NPB／外野]

2004	2003	2002	2001	1999	年度	
中日	中日	中日	中日	中日	所属球団	
92	136	139	61	12	試合	【外野】
147	244	241	90	9	刺殺	
10	14	14	1	0	補殺	
1	4	4	2	1	失策	
1	2	3	0	0	併殺	
.994	.985	.985	.978	.900	守備率	

※2002、2003、2005、2006、2015年は**ゴールデングラブ賞**受賞。各年度の**太字**はリーグ最高

[NPB／内野]

	2001	2000	1999	年度	
通算	中日	中日	中日	所属球団	
1	1	—	—	試合	【一塁】
0	0	—	—	刺殺	
0	0	—	—	補殺	
0	0	—	—	失策	
0	0	—	—	併殺	
—	—	—	—	守備率	
1	—	—	1	試合	【二塁】
0	—	—	0	刺殺	
1	—	—	1	補殺	
1	—	—	1	失策	
0	—	—	0	併殺	
.500	—	—	.500	守備率	
125	51	30	44	試合	【三塁】
55	30	10	15	刺殺	
150	79	36	35	補殺	
11	3	4	4	失策	
14	8	4	2	併殺	
.949	.973	.920	.926	守備率	
197	11	77	109	試合	【遊撃】
263	14	111	138	刺殺	
466	26	186	254	補殺	
24	1	10	13	失策	
88	6	33	49	併殺	
.968	.976	.967	.968	守備率	

通算	2022 中日	2021 中日	2020 阪神	2019 阪神	2018 阪神	2017 阪神	2016 阪神	2015 阪神	2014 阪神	2013 阪神	2008〜2012 MLB	2007 中日	2006 中日	2005 中日
1598	4	43	21	98	113	118	122	133	99	58		79	129	141
2670	3	62	22	122	180	184	177	226	180	105		171	251	256
95	0	0	2	2	6	1	5	5	4	6		6	7	12
27	0	0	1	2	2	4	1	0	0	1		3	1	0
18	0	0	1	1	1	0	1	0	2	2		1	1	2
.990	1.000	1.000	.960	.984	.989	.971	.995	1.000	1.000	.991		.983	.996	1.000

[MLB]

通算	2012 CWS	2011 計	CLE	2011 CHC	2010 CHC	2009 CHC	2008 CHC	年度 / 所属球団	
10	10	—	—	—	—	—	—	試合	【左翼手（LF）】
17	17	—	—	—	—	—	—	刺殺	
0	0	—	—	—	—	—	—	補殺	
0	0	—	—	—	—	—	—	失策	
0	0	—	—	—	—	—	—	併殺	
1.000	1.000	—	—	—	—	—	—	守備率	
139	1	13	12	1	—	113	12	試合	【中堅手（CF）】
267	2	29	28	1	—	226	10	刺殺	
5	0	1	0	1	—	4	0	補殺	
3	0	1	1	0	—	2	0	失策	
1	0	0	0	0	—	1	0	併殺	
.989	1.000	.968	.966	1.000	—	.991	1.000	守備率	
426	4	131	49	82	110	44	137	試合	【右翼手（RF）】
782	3	265	115	150	190	79	245	刺殺	
17	0	6	2	4	4	1	6	補殺	
9	0	3	1	2	1	0	5	失策	
4	0	2	2	0	1	1	0	併殺	
.989	1.000	.989	.992	.987	.995	1.000	.980	守備率	

※CHC=シカゴ・カブス、CLE=クリーブランド・インディアンス、CWS=シカゴ・ホワイトソックス

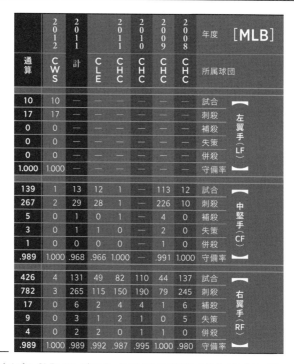

福留孝介

国際大会での打撃成績

［オリンピック］

2004	1996	年度
日本	日本	代表
9	9	試合
44	34	打席
38	32	打数
11	8	得点
12	9	安打
2	0	二塁打
0	0	三塁打
3	2	本塁打
23	15	塁打
10	8	打点
0	1	盗塁
0	0	犠打
1	0	犠飛
5	1	四球
0	1	死球
9	7	三振
.316	.281	打率
.605	.324	出塁率
1.026	.469	長打率
1.631	.793	OPS
銅メダル	銀メダル	チーム成績

［WBC］

ワールド・ベースボール・クラシック

2009	2006	年度
日本	日本	代表
7	8	試合
27	25	打席
20	22	打数
4	4	得点
4	4	安打
0	0	二塁打
0	0	三塁打
0	2	本塁打
4	10	塁打
0	6	打点
0	0	盗塁
0	0	犠打
0	1	犠飛
7	2	四球
0	0	死球
7	2	三振
.200	.182	打率
.407	.240	出塁率
.200	.455	長打率
.607	.695	OPS
優勝	優勝	チーム成績

【主な獲得タイトル】

NPB
首位打者：2回（2002年、2006年）
最高出塁率：3回（2003年、2005年、2006年）

【主な表彰】

NPB
最優秀選手：1回（2006年）
ベストナイン：4回（外野手部門：2002年、2003年、2006年、2015年）
ゴールデングラブ賞：5回（外野手部門：2002年、2003年、2005年、2006年、2015年）
セ・リーグ 連盟特別表彰：1回（功労賞：2022年）

【主な記録】

NPB
初出場・初先発出場：1999年4月2日、対広島（@ナゴヤドーム）/二番・遊撃
初打席：1999年4月2日、対広島（@ナゴヤドーム）/1回裏にネイサン・ミンチーから中飛
初打点：1999年4月4日、対広島（@ナゴヤドーム）/2回裏に広池浩司から中犠飛
初安打：1999年4月4日、対広島（@ナゴヤドーム）/7回裏に紀藤真琴から右中間二塁打
初本塁打：1999年4月16日、対巨人（@東京ドーム）/3回表にガルベスから右中間ソロ
初盗塁：1999年6月23日、対巨人（@ナゴヤドーム）/4回裏に二盗

250本塁打：2017年8月12日、対DeNA（@横浜スタジアム）※史上61人目
3000塁打：2018年7月3日、対中日（@甲子園）※史上57人目
1000打点：2019年4月6日、対広島（@マツダ広島）※史上46人目
1000得点：2019年7月28日、対巨人（@東京ドーム）※史上42人目
400二塁打：2021年4月18日、対広島（@バンテリンドーム）※史上13人目
1000四球：2021年8月27日、対巨人（@バンテリンドーム）※史上16人目
2000試合出場：2021年10月10日、対DeNA（@横浜スタジアム）※史上54人目

サイクル安打：2回 ※史上55人目、複数回は史上4人目
＝1回目/2003年6月8日、対広島（@ナゴヤドーム）※史上59度目
＝2回目/2016年7月30日、対中日（@甲子園）※史上69度目
シーズン186安打：2002年 ※中日球団タイ記録
リーグ最多二塁打：3回 ※セ・リーグ最多タイ
オールスターゲーム出場：4回（1999年、2002年～2004年）※2006年は出場辞退

MLB
MLBオールスターゲーム選出：1回（2008年）

NPB/MLB通算
2000安打：2016年6月25日、対広島（@マツダ広島）※日本人選手史上6人目
300本塁打：2018年4月13日、対ヤクルト（@甲子園）
500二塁打：2019年6月16日、対オリックス（@京セラドーム）※史上3人目
10000打席：2021年3月26日、対広島（@マツダ広島）

【背番号】

1：1999年～2012年（2004年アテネオリンピック、2009年WBC）
17：（2006年WBC）
8：2013年～2020年
9：2021年～2022年

【主な代表歴】

1996年＝アトランタ・オリンピック日本代表（銀メダル）
2004年＝アテネ・オリンピック日本代表（銅メダル）
2006年＝ワールド・ベースボール・クラシック日本代表（優勝）
2009年＝ワールド・ベースボール・クラシック日本代表（優勝）

PROFILE

福留孝介

ふくどめ・こうすけ

1977年4月26日生まれ。鹿児島県曽於《そお》郡大崎町出身。外野手。大崎町立大崎小3年時に『大崎ソフトボールスポーツ少年団』でソフトボールを始め、主に投手。全国大会にも出場した。大崎町立大崎中進学後は、硬式野球クラブの『鹿屋ビッグベアーズ』に入団して野球を始め、全国制覇を達成。高校は数多くのスカウトの中からPL学園高（大阪府）に進み、1年夏からメンバー入り。2年春、3年春夏の甲子園に出場した。95年のドラフト会議では7球団が1位で競合指名。近鉄バファローズが交渉権を獲得したが、入団を辞退し、日本生命へ入社。アトランタ・オリンピックの日本代表に選出され、2本塁打を放つなど日本の銀メダル獲得に貢献。日本生命では入社1年目の都市対抗で若獅子賞を受賞。97年の都市対抗優勝、98年の日本選手権準優勝。98年のドラフト会議では中日ドラゴンズを逆指名し、1位で入団。4年目の2002年に外野手に転向し、この年、打率.343で首位打者のタイトルを獲得。06年は.351で再び首位打者のタイトルを獲得する活躍でリーグ優勝に貢献し、MVPに輝いた。08年、FA権を行使してシカゴ・カブスに移籍。11年途中にクリーブランド・インディアンス、12年にシカゴ・ホワイトソックス、12年途中にヤンキース・マイナーと渡り歩き、13年に阪神タイガース移籍で日本球界に復帰。16年6月25日の広島戦（マツダ広島）で日米通算2000安打を達成。21年に古巣・中日に復帰し、22年限りで現役を引退した。現在は野球解説者、日本生命特別コーチとして活躍中

もっと、もっと うまくなりたい

はじまりはアイスクリーム

2023年7月31日 第1版第1刷発行

著 者 福留孝介《ふくどめこうすけ》

発行人 池田哲雄

発行所 株式会社ベースボール・マガジン社
〒103-8482
東京都中央区日本橋浜町2-61-9
TIE浜町ビル

電話 03-5643-3930（販売部）
03-5643-3885（出版部）

振替口座 00180-6-46620
https://www.bbm-japan.com/

印刷・製本 共同印刷株式会社

ISBN 978-4-583-11620-4 C0075